华夏文库·儒学书系

焚书坑儒的真相

秦朝儒学

李勇强 著

大地传媒　中州古籍出版社

《华夏文库》发凡

毫无疑问，每一个时代都有属于自己时代的精神追求、文化叩问与出版理想。我们不禁要问，在 21 世纪初叶，在全球文明交融的今天，在信息文明的发轫初期，作为一个中国出版人，我们正在或者将要追求什么？我们能够成就或奉献什么？我们以何种方式参与全球化时代的文化传播进程？在一连串的追问下，于是，有了这套《华夏文库》的出版。

自信才能交融。世界各大文明在坚守自身文化个性的同时，不约而同地加快了探视其他文化精神内涵的步伐，世界不同文明正在朝着了解、交流、碰撞、借鉴与融合的方向前进。在此背景下，建立自身的文化自信，正是与世界各文明民族进行文化交流的基本要求。五千年中华文明与文化正在不断地被其他文明所发现、所挖掘、所认知，汉语言正在生长为世界语言，儒文化正在世界各地生根发芽。

借助这样一种正在成长着的文化自信、自觉、开放、亲和之力，用我们这个时代的学术眼光全面系统梳理中华五千年的文明与文化，向其他各大文明与文化圈正面展示自我，让中华优秀文化成为世界文化的重要组成部分，正是我们出版这套文库的目的之一。此其一。

知己才能知彼。身处五千年文化浸润的今天，重新思考我们先人的人生思考、价值思考与哲学思考，找到一个民族、一个国家的价值所在、立命所在、安身所在，这已经是我们这个时代的学人与出版人不得不再思考的问题。作为中华文明的一分子，我们在思考的同时，还必须了解我们的先人创造了如何优秀的精神文明与物质文明以及社会文明。只有熟知自己的文化，热爱自己的文化，悟明自己的文化，我们才能宣说自己、弘扬自己、光大自己。因此，我们策划组织这套《华夏文库》的初衷，还在于让当下的知识青年全面系统瞭望中华文明与文化的全景，并借此能够对更为深广的世界各民族文化提供一个比较认知的基础。此其二。

顺势才能有为。我们正处在农耕文明、工业文明、信息文明的交汇处，信息文明带领我们从读纸时代进入读屏时代，以智能手机屏幕为代表的书籍呈现方式正在与纸质书籍争夺阅读时间与空间。我们正在领悟数字技术，正在以信息文明的视角，去整理、分析和研究农耕文明与工业文明的文化遗产，不仅仅是为了唤醒优秀的传统文化，我们还在生发和原创着当今时代的文化。由此，我们试图架起一座桥梁——由纸质呈现而数字呈现，由数字呈现而纸质呈现，以多媒介的书籍呈现方式，将文字、图像、声音与视频四者结合，共同筑成《华夏文库》以奉献给信息文明时代的新读者。此其三。

总之，这是一套——专家大家名家写小书；以最小的阅读单元，原创撰写中华精神文化、物质文化与社会文明系列主题与专题；以图文、音视频多媒介呈现的方式，全面介绍与传播中华文明与优秀文化，系统普及与推介中华文明与文化知识；主旨是为了让世界与中国共同了解中国的——大型丛书，借此，复兴文化，唤起精神，融入世界。

耿相新

2013 年 6 月 27 日

目 录

一 先秦儒学：显学？微学？

1 先秦儒学概说 …………………………………… 2
2 儒学的分裂 ……………………………………… 6
3 儒学的外患 ……………………………………… 9

二 儒法之争，谁主沉浮？

1 秦统一前　儒学鲜为秦用 ……………………… 16
2 嬴政的拿来主义：
　 儒学入秦新时代 ………………………………… 25
3 《吕氏春秋》中儒家思想与秦始皇法家思想的冲突 … 33
4 《韩非子》对儒家的批判与激发 ………………… 43
5 以吏为师　儒学旁落 …………………………… 53

三 第一次打击：焚燔诗书

1 焚书事件导火索：

　　封建制与郡县制之争 ·············· 60

2 焚书之祸 ······················· 70

3 焚书之争 ······················· 74

4 鲁壁藏书：

　　对焚书令的抵抗 ················ 80

5 焚书对儒家的打击 ················ 83

四 第二次打击：坑儒血案

1 被方士忽悠的秦始皇 ··············· 88

2 坑儒？坑方士？ ·················· 91

3 坑杀事件的真正隐情 ··············· 95

五 第三次打击：儒生错失的用武之地

1 秦朝的博士官 ···················· 100

2　秦始皇与廷议中的儒生 ················· 104

　　3　云梦秦简中的儒家思想 ················· 106

　　4　巴寡妇清故事中的儒家教化思想 ········· 107

　　5　始皇东巡封禅：

　　　　儒生错失良机 ······················· 109

六　秦二世与儒学

　　1　沙丘之变 ··························· 115

　　2　胡亥与儒法思想 ····················· 117

七　秦代经学

　　1　秦朝尊儒之说 ······················· 125

　　2　六经之传：

　　　　焚书前 ····························· 127

　　3　六经之传：

　　　　焚书后 ····························· 133

　　4　对秦朝儒学命运的反思 ··············· 136

小知识目录

《商君书》尊法排儒 ········· 24
《吕氏春秋》 ············ 32
《韩非子》 ············· 41
韩非子三世说 ············ 51
李斯《谏逐客书》 ·········· 56
茅焦 ················ 57
郡县制的兴起 ············ 69
孔鲋 ················ 81
挟书律 ··············· 86
鲍白令之 ·············· 108
秦刻石与儒家思想 ·········· 112
叔孙通 ··············· 123
伏生 ················ 131

一 先秦儒学：显学？微学？

秦朝"焚书坑儒"几乎家喻户晓，儒家学说在这一事件中遭遇一大劫难。那么，儒学是不是在秦朝才滑入低谷呢？尽管韩非子将儒墨视为显学，但事实上，儒家的内忧外患在孔子没后已然展开。内忧方面，儒分为八，思孟学派和荀子学派各执一端；外患方面，老庄、墨子、韩非子等诸子，对儒家的诘难从未停歇，孟子不得不力辟杨墨。从显学中不断退却，已然是儒学不得不面对的严峻现实。

1. 先秦儒学概说

儒学是如何应运而生的？在秦一统天下之前，儒学经历了怎样的发展？

儒学溯源

"儒"字本义，许慎《说文解字》的解释是："儒，柔也，术士之称。从人，需声。"在殷代，有专门负责办理丧葬事务的神职人员，这一特殊的社会阶层就是早期的"儒"。

儒家学说以春秋时期鲁国人孔丘为宗师，追溯其渊源，《汉书·艺文志》引刘歆《别录》说，儒家者流，最早可能出于"司徒之官"，其功能是帮助人君顺阴阳、明教化。《周礼》中说，司徒执掌邦国的土地之图和人民之数，行"掌邦教"之职以教化百姓，从而辅佐诸侯王安邦定国。刘歆说，祖述尧舜、宪章文武的儒家者流，尊奉六经，推崇仁义，"于道为最高"。

儒家六经指《诗经》《尚书》《仪礼》《乐经》《周易》《春秋》。

秦始皇"焚书坑儒",据说经秦火一炬,《乐经》从此失传;东汉在此基础上加上《论语》《孝经》,共七经;唐时加上《周礼》《礼记》《春秋公羊传》《春秋穀梁传》《尔雅》,共十二经;宋时加《孟子》,后有宋刻《十三经注疏》传世,自此,儒家经典遂有十三经。

孔子之儒

孔子(公元前551～前479年),名丘,字仲尼,春秋末期鲁国(今山东曲阜)人,儒家学派的创始人。孔子在鲁国担任过司寇,后携弟子周游列国,不为所用,最终回到鲁国,修《诗》《书》,定《礼》《乐》,序《周易》,作《春秋》。

孔子思想的核心,一为"仁",二为"礼"。对于"仁",孔子从多个角度给予了回答,如仁者"爱人",如"孝悌"为"仁之本",如"克己复礼为仁"。在孔子看来,仁者是推己及人的,"己欲立而立人,己欲达而达人"。孔子强调为仁由己,强调为仁主体的内在自觉,"我欲仁,斯仁至矣",为人们践行仁心给予了极大的信心。

孔子推崇周礼,对礼乐征伐自诸侯出、礼崩乐坏的社会现实深为忧虑。孔子主张在有所损益的前提下传承礼乐文化,提出"非礼勿视,非礼勿听,非礼勿言,非礼勿动",通过"礼"制来维护君臣尊卑之秩、人伦长幼之序。

孔子被后世尊为孔圣人、至圣、至圣先师、万世师表等。他曾修订《诗》《书》《礼》《乐》,作《周易》十翼,著《春秋》。其学说的核心是"礼"与"仁",重德治。他提倡的"己所不欲,勿施于人""和而不同"等思想至今仍有重要价值。

仲尼之徒

相传孔子所收弟子多达3000人,其中贤人72。孔子卒后,七十子之徒散游诸侯,有的做了诸侯王之师,有的为卿拜相,有的友教士大夫,也有的做了隐士。如子夏为魏文侯师,子夏的后学田子方、段干木、吴起、禽滑釐等人,也贵为王者之师。此外,子贡为齐、鲁之卿,宰予仕齐为卿。

孔子之后,有"儒分为八"之说,影响较大的学派,一为思孟学派,一为荀子学派,分别发挥了孔子的"仁""礼"思想。

思孟学派指以子思与孟子为代表的孔门后学。孟子将孔子的"仁",发展为以"四端"说为核心的性善论,并提倡统治者行"仁政"。孟子曾受业于子思之门人,《荀子·非十二子》提到"子思唱之,孟轲和之"的五行学说,即仁、义、礼、智、圣。《中庸》为子思所作,

孟子像
孟子,名轲,战国时期邹人,思想家、教育家,世传《孟子》一书,号为"亚圣"

其中"天命之谓性,率性之谓道"等观点,为孟子所继承,发展为一种以"尽心知性知天"为模型的心性之学。

荀子从"人之性恶,其善者伪也"的人性论出发,强调了后天礼乐教化的必要性,他的学说以隆礼为重要特征。荀子经常"礼法"并举,援法入儒,以礼法兼施、王霸统一的观点,开儒法合流之先河。

孔子门徒三千、孟子从车数百、荀子为稷下祭酒,出入王庭,对话诸侯,儒家学说有过作为"显学"的辉煌时期。

2. 儒学的分裂

秦始皇"焚书坑儒"可谓众人皆知,那么,儒学的命运是不是到了秦朝才大难来临呢?

事实上,自孔子之后到战国末期,儒学的发展已经是一段饱受内忧外患的历史,而主基调,则是走向衰微的过程。

儒分为八

孔子之后的儒学源流,《韩非子》提出"儒分为八"的说法,认为儒家分裂为八大支脉,他们观点各不相同,甚至相反,但都认为自己是真正的孔子后学。

《韩非子》所说的儒家八派包括子张之儒、子思之儒、颜氏之儒、孟氏之儒、漆雕氏之儒、仲良氏之儒、孙氏之儒、乐正氏之儒。今天的人们,只能对子思、孟氏(孟子)和孙氏(荀子)的思想有所了解了。《韩非子》所说的"显学",恐怕指的就是儒家的子思、孟子一脉和荀子一脉,其中思孟学派重在仁义,荀子之学重在礼乐,对孔子的思

荀子像
荀子（约公元前313～前238年），名况，字卿，又称孙卿，战国末期赵国人，思想家、文学家、政治家，被尊为"荀卿"

想传承各有侧重。司马迁作《史记》，在"仲尼弟子"而后，只为"孟子荀卿"作传，说明儒家八脉真正有影响的不过这两派。

儒家内部孟子派和荀子派的纷争

韩非子说儒家的八派各行其是，而且只认自己为儒家正宗，已经暗示了儒家派别的内部纷争这一现实。

孟子眼中就无其他儒者，他说"如欲平治天下，当今之世，舍我其谁也"，这意味着孟子心中不仅剥夺了其他诸子的平治天下的权力，更是将弘扬"孔子之道"的重担，完全揽在了自己的肩上，其他儒者在孟子看来，根本就不成其为一支学术力量。

孟子轻视其他儒生，荀子则又否定孟子。在《荀子·非十二子》中，荀子举起乱棒，把法家、墨家、名家等流派的12位关键人物，逐个敲打一遍，即便是儒家的子思、孟子也不放过，一并斥之为"邪说""奸言"。荀子强烈主张"息十二子之说"，希望回归到孔子的思想传统中去。

孟、荀两派的这种严重对立和自相攻讦，使得儒家因其分裂，势力明显衰落。七十子之后，"儒术"是在不断衰败中度过战国的纷争时代。在班固看来，孔子及其72得意门生相继离世后，儒家的微言大义从此不得彰显，陷入了巨大的危机阴影中。

《韩非子·五蠹》中分析说："上古竞于道德，中世逐于智谋，当今争于气力。"显然，儒家思想取法先王，颇合上古时代精神，在"争于气力"的春秋战国乱世，难与时代潮流相合，这也是儒家走向衰落的历史原因。

孟庙"子思子作中庸处"碑
子思（公元前492～前431年），名伋，孔子之孙，孔子弟子曾参的学生，而孟子受业于子思门人，子思、孟子一系即思孟学派。相传，《中庸》为子思所作

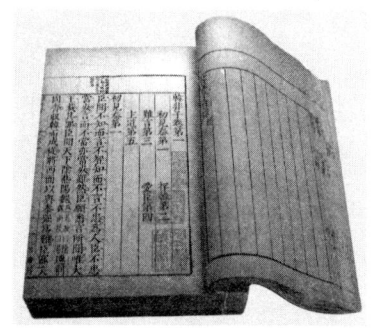

明刊本《韩非子》
《韩非子》，又称《韩子》，是先秦法家集大成者韩非的著作，春秋战国时期法家思想的主要代表作之一

3. 儒学的外患

春秋战国时代,各家学说纷纷出笼,形成诸子百家竞相争鸣的文化景观。其中的主要派别,司马谈在《论六家要旨》中分为阴阳家、儒家、墨家、名家、法家、道家,共6家。刘歆在《七略》中,增纵横家、杂家、农家、小说家,共10家。班固《汉书·艺文志》认为,其中可观者不过9家而已,于是,除去小说家的九大诸子学派,便是人们常说的九流。

不论6家、9家还是10家,诸子之间的学派之争,难免相互攻击挞伐,在批判别人的同时,儒家也一直是被攻击的对象,从而面临激烈的挑战。

老子批儒

道家的代表人物老子和庄子不约而同地将儒家放在很不起眼的地位,以此贬低儒家。在《老子》中,老子直接将儒家的仁、义、礼三个核心语汇与道家的道、德两个核心范畴排出座次:失去了道,才讲求德；失去了德，才讲求仁；失去了仁，才讲求义；失去了义，才讲求礼。显然，道在老子这里居于最重要的位置，从而显见道家的高明超拔。而对儒家的"礼"，《老子》说："夫礼者，忠信之薄，而乱之首。"礼的出现，是忠信沦为浅薄，也是大乱的祸首。老子寥寥数语就把儒家打入冷宫。

庄子评儒

在《庄子·天下篇》中，将百家之学分成了墨家、宋尹派、彭蒙田骈慎到派、关尹老子派、庄子派和以惠施为代表的名家等六派，竟然没有儒家的位置。在这六派中，除了墨家和名家外，其他都可笼统归属于道家。直到汉初，司马谈以"阴阳、儒、墨、名、法、道德"六家的划分，才给予了儒家六分之一的"天下"，使儒家终于在学术史上占有了自己的一席之地。尽管《天下篇》也提到了懂得《诗》《书》《礼》《乐》的"邹鲁之士、缙绅先生"，但这些儒家被认为是不成气候的。

《庄子·田子方》中还讲了一则

孔庙御碑
孔庙内有十三碑亭，保存了唐以来55座皇帝所赐御碑。孔庙还是保存汉碑最多的地方

老子像
老子，又称老聃、李耳，春秋时楚国人，道家学派创始人，世传《道德经》(即《老子》)一书。唐朝尊封老子为"太上老君"

故事，说庄子觐见鲁哀公，哀公很自信地说鲁国多儒士，而少道家。庄子却说鲁国缺少儒士。哀公反问：我们鲁国人都穿儒服，怎么可以说是缺少儒士呢？庄子说：儒者是知天时、知地形、能断事的，您不妨按照这个标准下令：如果达不到这个标准而穿儒服的，将处以死罪！于是，鲁哀公令下五日，鲁国只有一人敢穿着儒服接受哀公的召见。庄子对哀公说：您看，鲁国不就一个儒者嘛，能说得上多吗？

当然庄子以知天文、地理、人事为标准，有意无意忽略了仁义这一儒家的根本，由此来衡量儒者的多少，有庄子的偏颇在。不过，这个故事也许显示了儒学在其大本营的鲁国，也呈现了某种衰颓的景象。

孟子辟杨墨

孟子受业于子思门人，子思就是孔子的嫡孙孔伋，《中庸》即为子思所作，而子思又是孔子弟子曾参的学生。思孟学派当是七十子之后儒学的主脉之一，但孟子时代儒学所面临的形势也不容乐观。

孟子描述当时的情形是："杨朱、墨翟之言盈天下。天下之言不归杨，则归墨。"杨朱是早期道家人士，墨翟则是墨家掌门人，他们的言论占据了意识形态的主流，说明儒家在当时的境遇很不尽如人意，至少在孟子心中已经不是"显"学而是"微"学了。

杨朱主张贵生、重己，即尊重生命和个人价值。杨朱的名言是："拔一毛而利天下，不为也。"也就是说，杨朱是赤裸裸地主张自私自利、一毛不拔的。而墨子主张"兼爱"，不惜为天下之利而劳苦奔波。孟子则站在维护儒家价值观的立场上，对杨朱、墨翟进行了批判：杨朱主张为我，就是目无君上；墨家主张"兼爱"，就是无父。既然无父无君，就如同禽兽了。

孟庙亚圣殿

孟庙位于山东邹城市区南郊孟子故里——凫村东麓的马鞍山，是历代祭祀孟子的庙宇。孟庙始建于北宋景祐四年（1037年），占地约2.4万平方米，前后分为五进院落，前三进为导引式庭院，后两进分为东、中、西三路布局。保存有历代碑碣石刻270余块，古树名木300余株

    可以预料的是，墨子对儒家当然会反唇相讥。墨家一派主张节葬，和儒家重视丧葬之礼的观点自然大相径庭。《墨子·非儒》就是专门攻击儒家的文章，儒家礼仪的繁文缛节和不事劳作、四体不勤的惰怠孤傲，是墨家不惜笔墨攻击的焦点。

    虽说孟子"辟杨墨"有再造儒家之功，但他的努力并不能从根本上扭转战国儒家传承的颓势。

韩非子斥儒

韩非子本来是儒学大家荀子的学生,结果却持法家思想站到了儒家的对立面。

对于治理国家,德治和法治到底谁最有效?孔子认为,用政令来管理百姓,用刑罚来整治他们,老百姓只求能免于犯罪受罚,却没有廉耻之心;用道德引导他们,用礼制去教化他们,百姓不仅有羞耻之心,还会有归服之心。孔子的这一思想,基本上确立了儒家和法家的分水岭,表明了儒家对法家的基本态度:儒家的德政比法家的刑罚更能深入人心。

法家并不以为然,他们认为儒家的法先王,远远没有法家的法后王来得与时俱进,《韩非子·五蠹》说:"儒以文乱法,侠以武犯禁。"韩非子指责儒者用文学来扰乱法令,游侠以暴力触犯法禁,他把儒家看成了乱世的根源之一,是危害国家安全的五种蠹虫之一,是首当其冲要被扫地出门的对象。

《韩非子》说:"世之显学,儒、墨也。"也许正因为担心儒家的显学地位,激发了韩非子批儒时更为浓烈的火药味。

在秦国崛起的过程中,法

古太原县城北城门额书"德化"
山西太原晋阳古城遗址。"德化",即以德化民

一 先秦儒学:显学?微学? | 13

家从商鞅开始一直到韩非，都对秦产生了巨大的影响，这给儒学在秦朝无法进入主流意识形态，埋下了伏笔。

内部的纷争加上外部的打压，战国儒家的发展在整体上一直处于不景气的状态。秦朝的统一后这一局面能有改观吗？

二 儒法之争，谁主沉浮？

从秦国到秦朝，地处西陲的偏僻土壤中，一个帝国如何崛起？在其隆兴过程中，依赖怎样的学说而一统天下？在此过程中，儒家有没有过被奉为正统的机会？在儒家与法家争夺意识形态主导权的斗争中，谁又笑到了最后？

1. 秦统一前　儒学鲜为秦用

秦国兴起与客卿文化

秦始皇的祖先活跃在今天陕西与甘肃交界的地带，曾为周王朝牧马。周幽王烽火戏诸侯，秦襄公率兵救周，与犬戎殊死作战。周平王迁都雒邑，秦襄公一路护送，因勤王有功，被封为诸侯，获赐岐、丰之地，从此秦国有了与各路诸侯国平等的地位。

偏居西陲、文化相对落后的秦国，其崛起的历史，某种程度上也是引入东方文化、引入东邻诸国人才的历史。在秦国，"客卿"一词有着独特的含义，用今天的话，就是指外来人才。

那么，秦国会引入怎样的文化、怎样的人才实现富国强兵呢？在这场延续数百年的文化引进史中，儒学与儒者，会不会有一展身手的机会呢？

五羖大夫入秦　穆公称霸

秦穆公用五张黑羊皮换来百里奚的故事至今家喻户晓。百里奚当年出游求仕,屡遭困顿,在齐国沦落到沿街乞讨的地步。后来遇见了蹇叔,两人结为知己。为了谋生,百里奚在虞国做了中大夫。公元前655年,虞公贪图厚礼,答应晋国借道攻打虢国,结果,晋国在灭掉虢国的回师途中灭掉虞国,虞公和百里奚都被俘,沦为奴隶。

后来,晋献公把女儿嫁给秦穆公以结秦晋之好,百里奚作为陪嫁

秦穆公寻访百里奚
出自《瑞世良英》卷一《知贤录》。百里奚,春秋时期虞国人(今山西平陆县),是秦穆公称霸西戎、战胜晋国的重要谋臣

的奴仆被一起送往秦国。走到半道上，百里奚偷偷逃跑，可命运多舛，不久又被楚人抓去为楚成王养牛。秦穆公听说百里奚有贤才，就用五张羊皮把百里奚赎回。两人一谈就是三天，穆公很是高兴，授之国政，号曰五羖大夫。穆公还听从百里奚的建议，派人用厚币迎来蹇叔，授以上大夫。

秦穆公为了得到西戎的使者由余，一番密谋后，向戎王送去12个漂亮的女乐，戎王从此陶醉于美妙的音乐和绚丽的舞蹈中，终日饮酒淫乐，朝政松弛。百里奚让由余回国，由余看到沉湎于酒色音乐中的戎王，免不了直言力谏，君臣关系急转直下。由余最终归服秦国，并帮助穆公征服西戎诸国。

有赖于引进外来人才百里奚、蹇叔、由余，秦国辟地千里，称霸西戎，穆公成为"春秋五霸"之一。

商鞅变法　孝公图强

秦孝公的变法，则和一个名叫商鞅的卫国人联系在一起。商鞅屡见孝公，最终以"霸道"得到孝公认可，被任命为左庶长，于公元前359年推行变法之令。商鞅通过实行奖励耕战、什伍连坐、推行县制、迁都咸阳、统一度量衡、打击贵族特权等一系列改革举措，10年变法，秦国道不拾遗，家给人足。百姓勇于公战，怯于私斗，乡邑大治。

作为客卿，商鞅的变法一直伴随着与秦国保守派的交锋。尽管商鞅得到孝公的支持，得以雷厉风行地推行大刀阔斧的改革，但以太子为代表的保守势力，对商鞅这个客卿时时侧目视之。一个叫赵良的人还登门劝告商鞅，告诫他说：不该你占的位置，你占了，就是"贪位"；不该你出的名你出了，就是"贪名"，含沙射影地批评商鞅作为外国

商鞅像
商鞅（约公元前395～前338年），又称卫鞅、公孙鞅，战国时期卫国（今河南濮阳）人，法家思想代表人物。商鞅在秦执政约20年，秦国大治，史称"商鞅变法"

人跑到秦国来变法有"贪位贪名"的嫌疑。

秦孝公去世，太子成了新主。商鞅被诬告谋反，一路逃亡，最终在黾池被擒，秦惠文王下令车裂商鞅，灭门抄斩。商鞅的惨死，预示了秦国客卿命运的悲剧。

商鞅在变法令公布前，担心百姓不信任，就在国都市场南门立下一根三丈长的木杆，谁能够搬到北门就赏十镒黄金，结果没人响应。商鞅将赏金提到五十镒，有一个人把木杆搬到北门，真的得到了五十镒赏金。取信于民后，商鞅便颁布变法令。

张仪相秦　连横诸侯

秦惠文王的客卿中，张仪也许最为有名。张仪为魏国人，曾随鬼谷子学习纵横之术。公元前329年，张仪西入秦国，后被秦惠文王任命

二　儒法之争，谁主沉浮？｜19

张仪像
张仪（？～公元前309年），魏国贵族后代，战国时期纵横家，"连横"派的代表，曾两次为秦相，前后共11年。还曾两为魏相，死于任上

为相。当秦国以东的各路诸侯合纵对阵秦国的时刻，张仪"外连衡而斗诸侯"，运用雄辩的口才、诡谲的谋略，先后前往楚、韩、齐、赵、燕等国，纵横捭阖，游说诸侯，使得五国连横事秦，拆散了合纵之谋。张仪使用军事和外交手段，使得秦国东拔三川之地，西并巴、蜀，北收上郡，南取汉中，进一步推动了秦国的霸业。秦惠文王卒后，张仪和商鞅一样，同样不为新主秦武王所爱，不得已离开秦国，两年后死在家乡魏国。

范雎相秦 远交近攻

如果说张仪辅佐秦惠文王"称王"的话，那么，同样来自魏国的秦客卿范雎，则出力于秦昭襄王成就"帝业"。历经曲折辗转入秦后，

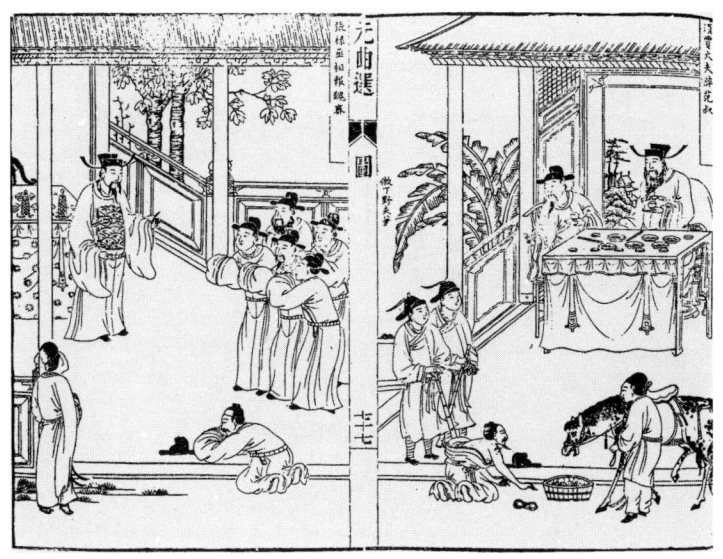

《诈范叔》

全名《须贾大夫诈范叔》,元高文秀杂剧。写魏国须贾带门客范雎出使齐国,得范之助而完成使命。齐王喜范之才,赐金银与酒,不想被误为通齐,被魏相国打伤。须贾暗助范逃到秦国,范化名张禄,成为秦相。六国贺秦相之日,方真相大白,须、范和好

范雎于公元前266年出任秦相,提出"远交近攻"的战略,将扩张的方向向东扫去。公元前260年,长平之战,范雎使用反间之计,使得秦军坑杀赵军主力45万人。范雎又为昭襄王谋划,实行"固干削枝"的政策,收回穰侯的相印,逐华阳君、泾阳君、高陵君于关外,结束宣太后干预朝政的时代,以此巩固昭襄王的中央集权。

公元前256年,秦灭周,周王朝正式寿终正寝。李斯在《谏逐客书》中高度评价范雎:"昭王得范雎,强公室,杜私门,蚕食诸侯,使秦成帝业。"作为功名赫赫的客卿,范雎的命运也并非安然无恙,失宠后地

二 儒法之争,谁主沉浮? | 21

位岌岌可危。此时,燕人蔡泽来到秦国,向范雎一番微言大义,提醒他及时退避。范雎不得不交还相印,荐蔡泽为相,自己不久死于封地。

上述客卿中,为秦廷所用的,有纵横家张仪,有法家商鞅,儒家会在秦国有用武之地吗?

荀子入秦　兴叹无儒

荀子曾经来到秦国,与范雎有一番对话。荀子说,秦国要塞险固,地势便利,物产丰富,民风淳朴,音乐清雅,没有奇装异服,百姓顺从官府,有如古代之民。而地方政府的官员,则井井有条,行为恭俭、敦敬、忠信,不为非作恶,有如古代之吏。到了国都,看到那些士大夫,在家里和单位两点一线,不比周,不朋党,公而无私,有如古代之士大夫。到朝廷上看看,办事效率也很高,安然有如无听治之处,有如

宋本扬倞《荀子》书影

《荀子》是儒家经典著作,唐扬倞所注《荀子》是较早较完善的注本

古代的朝廷。荀子盛赞秦政已接近于"治之至也"。但是，如果拿王道的标准来衡量，还远未达到，为什么呢？是因为这里没有儒家思想的用武之地。荀子说，纯任儒道则能称王，儒法相杂则能称霸，如果什么思想基础都没有，那就只能亡国了。

荀子所遗憾的，是秦"无儒"。事实上，孔子弟子中秦祖、壤驷赤、始作蜀等人都来自秦国，与商鞅辩论的甘龙、杜挚等人也颇知儒术，强调"恃德者昌，恃力者亡"，劝诫商鞅的赵良推崇"尧舜之道"，提倡"循礼"，显然有儒家思想。

只是儒家学说并未成为秦国的意识形态主流。荀子离开秦国，说明也没在这里找到机会。不过，荀子看好秦国，看到了以王霸结合、儒法交融统一天下的前景，在他的影响下，他的学生纷纷入秦，为儒学在秦国的传播开启了新契机。

客卿的魔咒

商鞅车裂、张仪走归、范雎交权，外来的客卿在秦国尽管大展宏图，却命运多舛。

在秦始皇时代，李斯和韩非同为荀子的徒弟，先后到了秦国，这对客卿的命运也有如应了魔咒。韩非被李斯害死，李斯也曾遭遇过逐客之祸——秦国对外来人员的大清洗、大驱逐，不得不写下《谏逐客书》以自我辩护。最终，李斯的命运和商鞅一样，以车裂而惨淡收场。客卿在秦国大显身手，同时又命运坎坷，甚至以悲剧为主，这两条线索有如一对形影不离的孪生兄弟，折射了秦对外来文化的接纳与拒斥。博弈的结果，给秦国带来了霸业，也给当事人带来了巨大的困惑与挑战。

秦用商鞅，事在公元前359年，而秦始皇政生于秦昭王四十八年，也就是公元前259年,其间恰好相距整整100年。

小知识◎《商君书》尊法排儒

  《商君书》是记载商鞅思想的早期法家著作,主要思想包括革新变法、以法治国、重农重军、削弱贵族世袭等。

  儒家主张亲亲相隐,刑不上大夫。《商君书》则主张君王之下"刑无等级",即使是忠臣孝子、守职之吏,不行王法,照样罪死不赦,还要刑及三族。

  在孔子看来,用政令和刑罚来引导民众,百姓可能在重压之下免于犯罪,但没了廉耻之心。而用礼乐教化的方法来引导民众,他们不仅有廉耻之心,还能心悦诚服。在商鞅看来,通过严酷的重刑连罪,人们就不敢以身试法,最终也就不需要用重刑了,这就是"以刑去刑"。

  《商君书》将儒家等其他学说斥为异端,充满了对儒家思想不乏火药味的攻击,认为"诗、书、礼、乐、善、修、仁、廉、辩、慧"这十者会导致国贫兵弱。以上十者,属于儒家的居多。在法家看来,礼乐文化,是淫佚之征、仁慈之心,是过错的源泉。

  此外,"礼乐""诗书""修善""孝弟""贞廉""仁义""非兵""羞战"需要打入冷宫。《商君书》上的黑名单,大抵也是儒家的关键词。

  打击儒家的同时,《商君书》重视法家,主张"以吏为师",这一思想直到秦始皇时代还奉为圭臬。

2. 嬴政的拿来主义：儒学入秦新时代

我们看到，偏居西隅的秦国接纳东方文化，三晋的法家实用主义近水楼台先得月，让秦国后来者居上，走上了富国强兵的道路。

嬴政登基后，继承了祖上对法家的偏好，但嬴政实际上是一个杂家，思想上是兼容并蓄的。当时，秦国以东，三晋流行法家，鲁国是儒家的大本营，齐之稷下盛产黄老道家思想，而燕齐地区还有阴阳家邹衍后学海上方士们在活跃着。

六国时期，秦国接触东方文化的范围，大体限于三晋，对于齐鲁之学，则少有接纳。到了吕不韦在秦国开门纳客，让各路宾客集体创作《吕氏春秋》，使得儒家这一流派更大规模地涌入秦国，为这里注入儒家文化。吕不韦三千门客中儒家人物很多，秦始皇的官僚队伍也吸收任用了一些儒学人物。

那么，来自东方的儒家文化，能否在秦始皇那里大行其道呢？

这一切，需要先从吕不韦和秦始皇的纠结命运谈起。

秦始皇（石刻画）
广东东莞隐贤山庄。秦始皇（公元前259～前210年），名政，因生于赵都邯郸，又称赵政。13岁即王位，39岁称皇帝，在位37年，缔造中国第一个大一统帝国，被明代思想家李贽誉为"千古一帝"

吕不韦的生意经

赵政来到这个世界上，一开始就有谜一样的色彩，这个谜就是在血缘上，他究竟应该姓嬴还是姓吕？

司马迁《史记·吕不韦列传》说，吕不韦（？～约前235年），卫国濮阳人，原籍阳翟（今河南禹州）。吕不韦贩贱卖贵，家累千金，成了大商人。当吕不韦在赵国的邯郸结识到在此做人质的秦国公子异人时，立马发现这是个"奇货可居"、价值连城的商品。于是，吕不韦孤注一掷，把自己的几乎全部本钱，投到了异人身上，开始了一场世纪豪赌。当时，异人是一个不得志的公子，由于秦国时常对赵国用兵，作为人质的异人自然郁闷潦倒，甚至有生命危险，而吕不韦正好乘人之危在他身上做一笔投机生意。在吕不韦的算计中，异人的父亲安国君已经成了太子、未来的秦国国君。吕不韦需要做的，就是让异人成为王储,这当然有难度,因为异人在兄弟中是"中男",他的母亲夏姬并不受安国君宠爱。不过,机会在于安国君最宠爱的正夫人华阳夫人,恰恰没有子嗣。假如自己能把异人运作成华阳夫人的嫡子,安国君的接班人不就成了异人?

精明的吕不韦把利害关系说给异人听,不费吹灰之力就把异人说通了。一个投机商人和一个落魄公子达成口头协议:事成之后,整个秦国就成了彼此的共同财产。

吕不韦的总投资为"千金",注资分两部分,五百金用于异人在赵国结交宾客,提升自己的江湖地位,另有五百金用于西游秦国打通关节。吕不韦先从华阳夫人之姊入手,拿到敲门砖,先让华阳夫人尝点甜头,说异人在国外如何思念太子和夫人,拣好听的话讨她欢喜;

吕不韦像
吕不韦(?~公元前235年),卫国濮阳人,任秦国相13年,组织门客编写《吕氏春秋》,是杂家思想的代表人物

二 儒法之争,谁主沉浮? | 27

后又不无威胁地讲出"以色事人者,色衰而爱弛"的道理,让华阳夫人有无后失宠之虞,从而成功地鼓动她去安国君那里吹耳边风,最终把异人立为嫡嗣。

吕不韦赌赢了

吕不韦的如意算盘竟然都像天意一般不可抗拒地成为现实。而且,事件的进程出人意料地快:

秦昭王五十年,吕不韦和异人从赵国逃回邯郸,3岁的赵政和母亲赵姬留在赵国大难不死。

秦昭王五十六年,赵政8岁,曾祖父昭王薨,祖父安国君立为王(后来谥为孝文王),华阳夫人为王后,父亲异人为太子。

公元前250年,孝文王除丧,正式即位仅仅3天,就撒手尘寰,赵政的父亲异人登上王位,是为庄襄王,9岁的赵政和母亲终于回到秦国。

庄襄王没有忘记和吕不韦的邯郸之约,任吕不韦为丞相,封为文信侯,食河南洛阳十万户,一为君,一为臣,一个做老大,一个当老二,算得上是分秦国而共之了。

庄襄王也才即位3年就死了,昔日的赵政现在该称嬴政了,13岁的嬴政做了秦王,事在公元前247年。吕不韦为相国,号为仲父,与秦王政是名义上的父子关系。

吕不韦的事功

吕不韦辅佐庄襄王的3年期间里,主要有三大功劳:第一,灭东周,为秦国扫灭六国一统天下赢得了主动。第二,新建三川郡、太原郡,为郡县制的全面推行奠定基石。第三，以文治争取民心，不论是"赦罪人""修先王功臣""布惠于民"，还是不绝东周君之祀，都显示了吕不韦将儒家的德治思想纳入统治理念的决心。

在嬴政亲自主政前的9年里，吕不韦作为相国和仲父，和赵姬主持秦政，同样建树颇丰。如：多次攻魏，取20城，建立东郡；蒙骜攻韩，取13城；击溃韩、魏、赵、卫、楚五国的联合攻击，逼迫五国罢兵。吕不韦主政的12年间，建立了三大新郡，打开了秦军虎视山东的门户，为最终扫平六国打下了基础。

两朝为相，号为仲父，吕不韦可谓功名烜赫。

吕不韦"为秦立法"

吕不韦一方面致力于做好辅弼，希望能够夺取天下，辅佐嬴政实现统一中国的宏图大志；另一方面，吕不韦认识到"一则治，两则乱"，如果思想不统一，国家不可能做到长治久安。而当时，百家争鸣之下，老子提倡柔，孔子提倡仁，墨翟提倡廉，不一而足，各家学说，莫衷一是，吕不韦开始了思想文化的重组工程。

当时，魏有信陵君，楚有春申君，赵有平原君，齐有孟尝君，四公子都喜欢礼贤下士，门下宾客云集，汇聚成了当时的几大文化中心。荀子就是从稷下投奔春申君，在他帮助下做了楚国兰陵令的。吕不韦认识到秦国尽管国富兵强，但远远不是文化强国，于是，效法四公子，以礼遇厚币广纳各国人才，招致食客三千人。钱穆说："其大规模地为东方文化西渐之鼓动者，厥为吕不韦。"

吕不韦发动门下的三千食客，人人都来写文章，集结成书，共计八览、六论、十二纪，二十余万言，号曰《吕氏春秋》。

儒学机会乍现

吕不韦希望写出一部治理秦国、统一思想的纲领性文件，而来自东方各国的学者们，因为各有所学，使得《吕氏春秋》实际上也是各派思想的杂糅，儒家、道家、阴阳家、法家、农家、墨家等均有涉及，这就意味着《吕氏春秋》将东方文化推向了秦国，而其中儒家思想为重要一环。

尽管秦始皇没有如吕不韦所愿，将《吕氏春秋》作为宪政纲领，但秦所立七十博士，其中多为儒家，这说明秦始皇已在事实上引入了儒家，给儒者带来了用武之地，可他们能否抓住这个机会呢？

秦始皇引入阴阳家学说

秦一统天下后，首先要解决的是政权的合法性问题。君权神授自然是一个解释，王权来自于天，君王不过是"奉天承运"而已。那怎么解释改朝换代呢？理由是天命转移。在战国末期，阴阳家邹衍的"五德终始"循环历史观最为流行。按照邹衍的说法，水、火、木、金、土五行之"德"即为五德，朝代的兴亡是五德转移的结果，五德之中，木胜土、土胜水、水胜火、火胜金、金胜木，一个朝代对应五德之一，其德衰败，自然将被更替。

司马迁《史记·封禅书》说，从齐威王、齐宣王时代开始，邹衍之徒就著书立说推广五德终始的学说，秦夺得天下后，听从了齐国方士的游说，采纳了邹衍"五德终始"的说法。

曲阜孔庙太和元气牌坊
建于明嘉靖二十三年(1544年)春,三间四柱石坊,坊额题字系山东巡抚曾铣手书。
"太和元气"是赞誉孔子的学术思想如同太空天体,循环往复,永恒长存

燕齐方士受宠

　　方士们是这么说的:"在远古,黄帝配的是土德,人们见到了黄龙和大五六围、长十余丈的蚯蚓,这是上天降下的祥瑞。夏帝配的是木德,祥瑞是郊外现青龙、草木特别茂盛。殷帝配的是金德,祥瑞是山上流出金银。周帝配的是火德,有天火降临到王宫之上,化为赤乌。如今,秦代周,水胜火,应属水德。当年秦文公出猎时擒获黑龙,就是应乎水德的符瑞。"秦始皇听信了这一建议,于是将黄河改名为"德水",以冬十月为岁首,崇尚黑色,衣服、旌旗等都以黑为主色调,数以六为纪,符、法冠皆六寸,而舆六尺,六尺为步,乘六马。此外,

因为水为阴，而阴主刑杀，所以政治上崇尚法家。

钱穆对此分析说："此秦廷采用燕齐方士学之第一端也。"

小知识◎《吕氏春秋》

《吕氏春秋》是吕不韦召集门客所写，目的是为秦立法，为中央集权提供理论基础，确立统一帝国的施政宪章。

《吕氏春秋》以天、地、人为结构系统，汇合了先秦各派学说，"兼儒墨，合名法"，杂糅儒、道、墨、法、兵、农、纵横、阴阳等各家思想，为集腋成裘之作，《汉书·艺文志》将其列入杂家。

《吕氏春秋》重视并吸收了儒家的民本思想。《务本》篇说："主之本在于宗庙，宗庙之本在于民。"《贵公》篇提出了"公天下"的学说："天下，非一人之天下，天下人之天下也。"《吕氏春秋》还赞赏儒家修齐治平的贤人政治，提倡任人唯贤。

在《吕氏春秋》中，对儒学的兼采与包容有利于为儒家争取一席之地，但同时也说明，儒学也只是其采撷的思想之一，不具有更重要的意义。

3.《吕氏春秋》中儒家思想与秦始皇法家思想的冲突

嬴政本着拿来主义的态度,以为我实用为标准,将各家学说视为工具,体现了杂家皇帝的风范。不过,以何种学说作为主流,才能实现大一统的千秋基业?

嬴政最终没有选择吕不韦的《吕氏春秋》,而是选择了《韩非子》,这究竟是为什么?

一字千金

吕不韦主编《吕氏春秋》,目标明确:"凡十二纪者,所以纪治乱存亡也,所以知寿夭吉凶也。"意思是这部书旨在探讨国家治乱、生死存亡之道,秦王只要以这部书作为纲领去实施,就能实现天下大治。

《吕氏春秋》大致于秦王政六年开始撰写,此时嬴政19岁,离亲政只有3年时间了。即将向秦始皇转移权力的吕不韦,试图通过《吕氏春秋》而为秦制法,向秦始皇转移自己的价值理念。

吕不韦对自己建构的一套治理国家的理论体系很有信心,把《吕氏春秋》全文公布于咸阳闹市,请来各国贵宾和游士参加图书专场展览会,只要谁能增删一个字,就给千金奖励,这就是"一字千金"的典故由来。

韩非子入秦

几乎就在《吕氏春秋》开始写作的次年,李斯的学长韩非子开始写作《韩非子》一书。韩非子对商鞅之重"法"、慎到之言"势"、申不害之玩"术",做一集大成之总结,以"法、术、势"三箭齐发,而臻战国末期法家思想之巅峰。

当时,有人把《韩非子》一书带到了秦国,嬴政读到《孤愤》《五蠹》等篇章时,长叹一声:寡人如果能与此书作者交游,死都值了!李斯告诉他:书是我的老同学、大师兄韩非子写的。为了得到韩非子,嬴政竟然对韩国发动了猛烈的军事攻击,韩王没想到秦国却能为一个

韩非像
韩非(约公元前281~前233年),战国末期韩国人,先秦法家思想的集大成者,后世称"韩子"或"韩非子"

自己不重用的人而发动战争,情急之下,只好派遣韩非出使秦国,满足嬴政的愿望,为国消灾。

嬴政采纳了《吕氏春秋》中"王者执一"的中央集权思想,《应同》篇所发挥的邹衍的五德终始学说等,但他对《韩非子》更加情有独钟。

《吕氏春秋》的"公天下"

在解释君王的起源时,《吕氏春秋》是这样说的:人生来爪牙不利,搏不过禽兽;肌肤无厚毛,抗不了寒暑;筋骨不强健,躲不过伤害。可为什么人能利用万物制服禽兽,不为寒暑燥湿所害呢?是因为人能群,能互相帮助,互利互惠。

按照《吕氏春秋》的说法,君主产生的根源,在于利群,用今天的说法,君主是为人民服务的。《吕氏春秋》甚至公然打出了"公天下"的旗号:过去的圣王治理天下,一定"公"字为先,做到了"公",天下才会太平。公,才能得天下;不公,就会失天下。有了公,才有君主。

《吕氏春秋》认为,既然君王是承应上天而出现的,那么,就要在本性上向老天看齐,老天爷是没有私心的,太阳照耀在每个角落,甘露洒向每一棵草木,普天之下没有任何生灵得到了上天格外的眷顾。真正的圣王,就是公天下的圣王。"天下,非一人之天下,天下人之天下也。"

《吕氏春秋》很推崇周武王,赞扬他施行奖赏惠及禽兽,施行惩罚不辟天子。君王干不好,就要走人。《吕氏春秋》对于儒家的天下为公和儒家推崇"汤武革命"显然是投赞成票的。

《韩非子》的"要在中央"

韩非子则对汤武革命进行了否定,认为:尧舜禅让,是颠倒了君臣关系,汤武弑君,是乱了君臣之义,都是乱了体统的行为,这是乱世之源。

在韩非子那里,君王是神圣不可侵犯的,他是整个天下的中心。"事在四方,要在中央。圣人执要,四方来效。"这是《韩非子》一书的核心思想,君主拥有绝对权威,集天下权力于一身,建立一个中央集权的国家,这正中嬴政的下怀。如果照《吕氏春秋》的说法,君主动不动就要为自己的失误而受罚,甚至可能遭到罢黜,嬴政肯定是不干的。

《吕氏春秋》的君臣分权论

儒家的"君为臣纲",确定了君臣关系的基本原则,即孔子所说:"君君,臣臣,父父,子子。"也就是说,君要像君,臣要像臣,父要像父,子要像子,各守自己的名分。

《吕氏春秋》发挥孔子的"正名"说,认为如果君臣不正名,不分职,而滥用刑罚,就会天下大乱。《吕氏春秋》正名审分之说的核心,就是君臣分职,也就是要明确君主和臣下的分工。

《吕氏春秋》和《韩非子》在君臣关系上一个最大的差别,恐怕就是分权论和独擅论的对立。吕不韦的分权论,从"天道圆,地道方"的天地之道上来寻找依据:君主执圆,臣子处方,方圆不变,国家才会繁荣。

阴阳二气上下循环不止，如昼夜更替般交合变化，这是天道之圆；世上万物种类千差万别，各有其不同的职能，谁也无法替代谁，这是地道之方。君法天，处圆道，臣法地，处方道，各司其职，才能国运昌盛。这是把天圆地方的自然规律附会到政治领域中了。言外之意，君主要有分权给臣下的意识，而且不能擅权，更不能独断。

《韩非子》的君主独擅论

《韩非子》则认为，人主分权给臣下，是很危险的事情，明确提出权势不可以借人，君主失去了一分权力，臣子就会得到百分的势力。臣下分得了君主的权力，力量就会越来越大，就会"内外为用"，人主需要警惕的，首当其冲就是权力被大臣借机夺走。君主一旦被臣下欺骗蒙蔽，就可能丢掉宝座，君主的财权、用人权乃至笼络人心的"义"，一旦被臣下掌握，都可能面临失控的危险。

韩非明确提出，政令出于一孔，君主一个人说了算，才能无敌于天下。

分权论，站在臣的立场；独擅论，站在君的立场。嬴政在二者之间做选择时，答案不言而喻。

儒家的民本位

《吕氏春秋》和《韩非子》在君民关系上同样存在着根本的对立观念，《吕氏春秋》执民本位，《韩非子》则倡君本位。

爱民保民，还是弱民愚民？

民本思想由来已久，孟子提倡"民为贵，社稷次之，君为轻"。

韩非子的老师荀子说，上天降生百姓不是为了伺候君主的，相反，上天立下君主是为了人民的。《吕氏春秋》同执此论：国家和君主的根本在于人民。

《吕氏春秋》继承了孔子"节用而爱人"、孟子"制民之产"的思想，提出了爱民利民全生的思想，认为圣人"以爱利民为心"。

《吕氏春秋》提出全生的保民观念，恐怕是对秦国轻用民死的一种修正，在秦一统山河之前，黎民以耕战为务，多有赴敌而死；实行严刑峻法，多有触法致死；在秦并六国之后，还加上了边疆远戍、修长城、筑直道、建陵寝等兵役劳役致死的可能。吕不韦和嬴政在对待民众的问题上，显然会存在分歧。

法家的君本位

与《吕氏春秋》不同，法家一直有弱民思想。商鞅就明确提出"有道之国，务在弱民"，认为国强则民弱，国弱则民强。弱民之道，愚民是务。韩非继承商鞅的愚民政策，在韩非看来，人民根本上就是愚昧无知的，他们无法了解国家政策对他们是有用的。

因此，韩非提出"民智不可用"的观点。民众只是君王可资利用的资源和工具，赖以实现"兵强主尊"，而统治他们的手段就是刑赏二柄。在韩非看来，统治者利用百姓贪图利益、害怕权威、好名声的心理，利用重刑厚赏，即可达到有效统治。

韩非子的这套理论，其前提就是君主的利益高于一切。

此外，吕不韦继承了儒家任人唯贤的思想，"身定、国安、天下治，必贤人"。韩非则一反儒家的任贤说，认为不能一味靠贤人政治，因为，社会上大多数人都是普通人，如果单凭贤人治国，就找不到足够的贤

孔庙杏坛
杏坛,是传说中孔子聚徒讲学的地方。北宋时,孔子后代于曲阜祖庙筑坛,植杏树,以"杏坛"为名字。杏坛今存清乾隆"杏坛赞"御碑

人来做官。即便是君主,也难保代代都是贤主豪杰,那么,那些才能很平常的"中主",只要有了法律作为准绳,就能在用人上实现公平,做到推举贤才对内不避亲人、对外不避仇人,所谓的贤者自然就会尽入彀中。

法治与德治

《吕氏春秋》在法治和德治的关系上,主张德治和法治并举,但德治是基础,法治是手段。

而《韩非子》则鲜明地提倡以法治国，排斥德政，摒弃仁义，认为以仁义为核心的德治思想已经过时了。《韩非子》认为，一个国家不会永远强大，也不会永远弱小，守法的人强大起来，国家就会强大，守法的人弱小，国家就会弱小。韩非子还举了很多活生生的事例，来证明仁义是靠不住的。譬如在平常的家庭里，即可轻松找到证据：家教严的孩子都很听话，而慈母却养出来败家子。

韩非子有一个著名的"三世说"，三世指的是上古、中世和"当今"，上古时依靠道德取胜，中世时靠智谋取胜，当今则靠的是武力。在韩非子看来，在群雄竞逐、以武力决定一切的时代，仁义显然是太苍白无力了。

与《吕氏春秋》提出的德治可以实现不赏不罚的观点相反，韩非子认为，通过重刑厚赏，可以达到"以刑去刑"的效果。

往街上倒垃圾要不要剁掉手？

韩非在书中编了孔子和弟子子贡争论"殷之法刑弃灰于街者"的公案。子贡认为，在街上倒点灰，就要把手砍了，实在是罚得有点重了。孔子则说：这才是懂得治道呢。你想想，把灰这种垃圾扑地往街心一倒，势必扬到行人的身上，挨了一脸灰的人自然很生气，人家一生气，后果就很严重，双方就要厮打起来，这一打不要紧，架越打越凶，两个人的打斗很快就会演变成打群架，最后是三族相残，你说这手该砍不该砍？再说呢，如果你怕被剁手，那就别把灰倒大街上就是了，这是很容易做到的事嘛。

商鞅变法，施行轻罪重罚，这样人们就不会犯小过错了，既然小错都不犯，自然更不敢犯大罪了啊。这不就天下太平了嘛！这不就是商鞅说的"以刑去刑"吗?

吕不韦没有韩非这样激进,也未排斥法治,而是认为,德治要排第一,赏罚要当老二。而且,与韩非厚赏重罚的主张也略有差别,吕不韦主张重赏轻罚。

上述种种,可见《吕氏春秋》与《韩非子》的诸多对立,当这些对立应用于实际的政治,便成了政见的分歧,这使得吕不韦一片苦心、呕心沥血为嬴政预设的完整的统治体系,最终被嬴政束之高阁。

小知识◎《韩非子》

《韩非子》一书今存55篇,十余万言,是对商鞅之"法"、慎到之"势"、申不害之"术"的集大成式的法家思想巅峰之作,是建立君主专制中央集权政府的理论依据。核心思想包括:

崇尚尊君思想,强调中央集权。《韩非子》主张"事在四方,要在中央;圣人执要,四方来效",主张君臣之间的交易关系:君出爵禄,臣尽死力。

实行法治、行赏罚二柄。《韩非子》主张"以法为教",主张严刑重罚,做到"法不阿贵"。

君主执"术"以制御臣下。君主的"术"包括:无为术:君主以无为制臣下之有为。自神术:君主不暴露行踪、不显露好恶、不流露思想。听言术:要"参听"而不独听偏听。用人术:因人授官、课群臣之能。

排斥儒家。《五蠹》说:"儒以文乱法,侠以武犯禁,而人主兼礼之，此所以乱也。"韩非子把儒家看成了乱世的根源之一，提出要铲除所谓五蠹：一、学者（指儒家）。二、言谈者（指纵横家）。三、带剑者（指游侠）。四、患御者（指依附贵族并且逃避兵役的人）。五、商工之民。在韩非子眼里，儒家"称先王之道以籍仁义，盛容服而饰辩说，以疑当世之法，而贰人主之心"是首当其冲要被扫地出门的对象。

4.《韩非子》对儒家的批判与激发

《韩非子》既排斥儒学,斥之为蠹虫之一,又承认孔子之圣,吸收儒家仁义与正名观念。这一切的背后,究竟是什么?儒家和法家,对君主的态度究竟有何微妙之别?法家被重视,给儒家带来了怎样的刺激?

《韩非子》斥儒

《韩非子》对儒家的批判是激烈的,《五蠹》说"儒以文乱法,侠以武犯禁",将儒者与侠士看作乱世之源。儒者的具体罪状,是推崇先王之道,假借仁义,"盛容服而饰辩说,以疑当世之法,而贰人主之心"。《韩非子》主张将儒者等"五蠹"予以清除,扫地出门,否则就有国破政亡的危险。

对于儒家的核心价值观"仁义"学说,《韩非子》提出了"仁义过时论"和"仁义无用论"。《五蠹》中举例说,周文王的时候,只有方圆百里的地盘,因为施行仁义,西戎归心,进而王天下。而徐偃王的领地方圆五百里，同样是行仁义，而且三十六个诸侯国争相割地而朝，邻居荆文王看到了其中的威胁，便举兵灭徐。由此推断，"故文王行仁义而王天下，偃王行仁义而丧其国，是仁义用于古不用于今也"。

《五蠹》明确说："夫仁义辩智，非所以持国也。"将仁义排除在维护国家秩序的价值体系之外。《显学》篇也说，"言先王之仁义，无益于治"。明主应该"明吾法度""不道仁义"。

《韩非子》对儒家思想的吸收改造

韩非对儒家的仁义学说猛烈抨击，认为仁义治国会导致"卑主危国"。但同时，《韩非子》一书中，"仁"出现过45次，"仁义"出现过47次，"礼"出现过85次，"义"出现过75次。这一方面是韩非借儒家之口一申己义，一方面是对儒家概念的继承、延伸与改造。比如，前文提到的通过严惩往街上倒垃圾而强调轻罪重罚，就是通过孔子的口而说出来的。

韩非把孔子说成是"圣人"，《五蠹》说"仲尼，天下圣人也"。《内储说上》则肯定"仲尼为政于鲁，道不拾遗"。

尽管韩非批判仁义，但对儒家的仁义礼智等，也有自己的发挥。韩非也讲仁者爱人，《解老》说："仁者，谓其中心欣然爱人也。"韩非心目中的仁义，是以君尊臣卑为前提的，《难一》就说："仁义者，不失君臣之礼，不败君臣之位者也。"

韩非认为义的基本含义是："义者，谓其宜也，宜而为之。"也就是说，臣事君宜、下怀上、子事父宜、贱事贵、友朋相助、亲内疏外等，各得其宜。

韩非将儒家的仁义、礼义和君主专制思想结合在一起，认为作为人臣，君主有过错就进谏，谏而不听，就一边待着去，犯颜进谏是要杀头的，这就是人臣之礼义。显然，韩非的仁义观、礼义观，放大了臣子对君主的绝对义务和绝对服从，志在维护君主的绝对权威。

"循名责实"与儒家"正名"说

孔子主张正名，《论语·子路》说："名不正则言不顺，言不顺则事不成，事不成则礼乐不兴，礼乐不兴则刑罚不中，刑罚不中则民无所措手足。"孔子正名说的目的，是对"礼乐征伐自诸侯出"的僭越行为予以拨乱反正，进而达到"君君、臣臣、父父、子子"的正常状态。

孔子的正名说，为韩非吸收并挟以私货。孔子说"不在其位，不谋其政"。《韩非子·二柄》则说："越官则死，不当则罪。"也就是说，臣子不能越权办事；办了有功劳的事，汇报时夸大不行，把功劳说小了也不行，否则非罪即死。韩非子举了一个例子，说当年韩昭侯喝醉酒后睡觉，负责管帽子的人怕他着凉了，就给他盖了件衣服。韩昭侯睡醒后，问身边的人："谁给我加衣了？"大家告诉他："是管帽子的给你加的衣服。"没想到，韩昭侯将管帽子的和管衣服的随从一起治罪了。管衣服的随从，罪在失职；管帽子的随从，罪在越职，失职与越职在法家看来，都是不允许的。

韩非子将儒家维护等级制度、正名定分的思想，吸收在他的术治思想中，主张"循名责实"。《定法》篇说："术者，因任而授官，循名而责实，操杀生之柄，课群臣之能者也，此人主之所执也。"君主的统治术，在于因事设职，通过对官员行政是否名副其实的考课之核查，从而驾驭群臣。《奸劫弑臣》篇说："循名实而定是非，因参验而审言辞。"韩非子强调各安其位、各谋其政、循名责实，实质上是为了保证君主对臣子的绝对控制。

韩非"法术势"三箭齐发　维护君主专制

《外储说右上》篇中，韩非明称"明主之道，在申子之劝独断也"。关于独断，申子又是如何说的呢？申子曰："独视者谓明，独听者谓聪。能独断者，故可以为天下主。"

为了让君主能做到独断，韩非子认为，君主要"断于法"，掌握立法权；君主要掌握各种统治之术，以驾驭群臣，包括自神术、防壅术、赏罚术等；君主还要牢牢把握"势"，"任法处势"，将自己置于权力和地位的最顶端。《八经》篇说："势者，胜众之资也。"《奸劫弑臣》篇说："故善任势者国安，不知因其势者国危。"

韩非子打了个比方，国家犹如君主所驾的车子，势则好比是拉车的马，把马驾驭好了，车子就能随性驰骋。《人主》篇还有一个比方，"今势重者，人主之爪牙也"。总之，正如《韩非子·喻老》所说："势重者，人君之渊也。"桀为天子，能制天下，不是因为他贤能，而是因为他势重；尧如果只是平头百姓，三户人家都管不好，不是他无能，是地位太低而已。

因此，韩非时刻提醒君主要严防权力下移，《韩非子·内储说下》说："权势不可以借人。"如果君主的权力失去了一分，大臣就会将这一分权力化为百分的权力，对君王造成极大的威胁。

韩非君本位思想对儒家的激发

韩非作为王室贵族，站在君王的立场上，一则维护中央集权，《扬权》称"事在四方，要在中央"；一则维护君权至上，《韩非子》多次出现"独断""独擅"之类的词语，主张君主独裁。《扬权》说："道无双，故曰一。是故明君贵独道之容。"

显然，韩非子主张君主要能说了算，至于大臣和百姓，则只能尽"死力"唯君王马首是瞻。显然，这一学说能得到君主的欢迎，秦始皇更以法家为主流政治哲学。

汉初儒者反思了儒家难为君主所用的问题，开始意识到应避免与君权的对立。

贾谊即上承韩非的尊君思想，在他的《新书·阶级》中打了一譬喻，天子如堂，堂之高，离地面越高越有气势；群臣如陛，阶梯般等级分明，形成拱卫之势；庶民则如平地最为卑下。在天子、群臣、庶民这三层序列结构中，君主被贾谊赋予"尊不可及"的最高地位。

董仲舒《春秋繁露》按照阳尊阴卑的理论，提出"君为阳，臣为阴；父为阳，子为阴；夫为阳，妻为阴"，演绎出了"君为臣纲、父为子纲、夫为妻纲"的"王道之三纲"，且这一切都"可求于天"，是老天的旨意，为君王的无上权威建立了牢不可破的理论体系。

董仲舒的天人感应说，有一个总的原则，那就是《春秋繁露·玉杯》所说的"屈民而伸君，屈君而伸天"，如此，强化王权的神威以巩固君王的统治。正因为对君权的妥协与维护，使得儒家有了走向独尊的可能。

儒家的"汤武革命"问题

在儒家思想中,"革命"是个时常被讨论的词汇。《周易》革卦《彖》辞说:"天地革而四时成,汤武革命,顺乎天而应乎人。革之时大矣哉!"显然,《周易》是肯定汤武革命的,这也是儒家天命转移观念的源头。

革命革的是君王的命,这和儒家的"忠"是否成为一对矛盾?

在《论语·八佾》中,孔子说:"君使臣以礼,臣事君以忠。"显然,在孔子这里,臣子的"忠"并非无条件的,君得先对臣以礼相待。

在《孟子·梁惠王下》中记载了齐宣王和孟子的如下对话。

齐宣王:"臣弑君,可以吗?"

孟子说:"损害仁的人叫作'贼',损害义的人叫作'残'。残贼之人叫作'一夫'。我只听说诛灭了一夫纣,未听说过弑君。"

弑,意味着以下犯上;诛,意味着为民除害。前者是犯罪,而后者为伸张正义。孟子对武王灭纣,也是持肯定态度的。

《荀子·王制》说"君者,善群也",又《大略》篇说:"天之生民,非为君也;天之立君,以为民也。"君主是必须为人民服务的,所以才有了水舟之喻:"君者,舟也;庶人者,水也。水则载舟,水则覆舟。"

荀子也主张可以用革命的方式推翻无道君主的统治。

但是,君王得天下之前,汤武革命是有利的理论武器;得天下以后,汤武革命就不再是受欢迎的理论,儒家的汤武革命,由此成了问题。

韩非子论忠孝与汤武革命

韩非子也讨论忠孝问题和"汤武革命"的问题。《忠孝》篇第一句话就指出,天下之人正因为没弄明白孝悌忠顺之道,导致了天下大乱。

韩非子多次提到"忠",《初见秦》说:"为人臣不忠当死。"《奸劫弑臣》说:"故有忠臣者,外无敌国之患,内无乱臣之忧,长安于天下,而名垂后世,所谓忠臣也。"

《十过》第一条就是:"行小忠则大忠之贼也。"什么是小忠?韩非子举例说:当年楚共王与晋厉公打仗,酣战之际,司马子反口渴了,对他忠心耿耿的竖谷阳就拿酒给他喝,还任由他喝醉了。结果,因为贻误战机,司马子反被楚共王斩首了,竖谷阳的小忠酿成了大祸。

《忠孝》篇明确反对儒家的汤武革命:"尧、舜、汤、武,或反君臣之义,乱后世之教者也。"韩非子认为,尧为人君而以臣为君,舜为人臣而以君为臣,汤、武为人臣而弑其主、刑其尸,天下之人反而赞赏他们,这就是天下至今大乱的根源所在。"臣事君,子事父,妻事夫,三者顺则天下治,三者逆则天下乱,此天下之常道也,明王贤臣而弗易也。"即便人主不肖,大臣也不敢以下犯上。韩非子以儒家的仁义孝悌,竭力反驳汤武革命的合法性。"故人臣毋称尧、舜之贤,毋誉汤、武之伐,毋言烈士之高,尽力守法,专心于事主者为忠臣。"

显然,韩非子否定汤武革命,其出发点依旧是君本位思想。

"汤武革命"观引发的冲突与争议

韩非子是荀子的学生,荀子曾为稷下祭酒,稷下则为黄老道家思想曾经大行其道的所在。黄老之术作为统治之术,自然尊君抑臣,韩非子的君本位思想,恐怕渊源于此。

汉初以黄老治国,在景帝的朝堂上,主张儒家的诗博士辕固与主张黄老的黄生,就汤武革命的合法性问题展开了论战。黄生显然和韩非子思想一致，指责商汤和周武王推翻夏桀、商纣的行动，并非"受命而王"，性质是大逆不道的弑君行为。辕固反驳说，桀纣虐民乱国，天下民心所向已归诸汤武，汤武只是顺应民意诛灭桀纣，是在不得已的情况下被拥立为王的，难道不是受了天命吗？

这时，黄生抛出了他的"鞋帽理论"，说帽子即便再破，也要戴在头上；鞋子即便再新，也是穿在臭脚丫子上的。彼此的高下之分，是傻子都明白的道理。同样的道理，即便桀纣如何无道，也是君上；即便汤武如何圣明，也是臣下。主子有过失，臣下不以谏阻的方式规劝，反而借口其有过而杀掉对方，自己去做了君主，这不是"弑"又是什么呢？辕固反唇相讥：照你这样说来，高祖取代秦王即天子之位，不也是弑君吗？这一归谬颇具威力，连景帝都被震住了。沉吟半晌，景帝才用"马肝说"打发双方：吃马肝容易中毒，吃肉不吃马肝，算不上不懂美食；搞学问不谈汤武受命，也不算不学无术。就这样，景帝用和稀泥的方式，回避了这一敏感问题。

回避归回避，和平时期如何避免"汤武革命"理论与君权的冲突，逐渐成为儒家多加留意的敏感地带。

《韩非子》思想与儒家三纲说

荀子以"礼法"并称，已有儒、法兼取的思想。作为荀子的弟子，韩非的思想以法家为主，也吸收了儒家的思想。

《韩非子·忠孝》篇说："臣事君，子事父，妻事夫，三者顺则天下治，三者逆则天下乱，此天下之常道也。"韩非所论君臣、父子、夫妻的关系，为后来的"三纲"说奠定了基础。

董仲舒《春秋繁露·基义》提出："君为阳，臣为阴，父为阳，子为阴,夫为阳,妻为阴。"后者要服从前者,董仲舒还称"王道之三纲,可求于天"。

礼纬《含文嘉》将董仲舒以阴阳五行学说来论证三纲思想,发展为如下三纲:"君为臣纲,父为子纲,夫为妻纲。"而《白虎通义》则在此基础上,进一步发挥为"三纲六纪":"三纲者何谓也?谓君臣、父子、夫妇也。六纪者,谓诸父、兄弟、族人、诸舅、师长、朋友也。故君为臣纲,夫为妻纲。"

汉初黄老道家兼综道法,吸收儒家,汉初思想家陆贾、贾谊,均主儒法兼治,董仲舒的《春秋》决狱,引礼入法,促成法律的儒学化。儒家对法家的兼收并蓄,说明儒法之间在对立中有融通空间的存在。《韩非子》对三纲说的启发,为后来的儒法合流埋下了伏笔。

但在秦朝时,儒家学者还显得"迂远而阔于事情",故而在焚书坑儒之变中遭遇大难。

小知识◎韩非子三世说

韩非子的历史观,以《五蠹》篇中的"三世说"为代表。

上古之世,人民少而禽兽众,人民不胜禽兽虫蛇,于是,出现了两大圣王:有巢氏用木头筑巢,让百姓避免了猛兽的攻击;燧人氏钻燧取火,让百姓吃果瓜蚌蛤时,不再因腥臊恶臭而伤害了腹胃,避免了疾病之患。中古之世,天下洪水滔滔,鲧和大禹导流治水。近古之世,桀、纣暴乱,而汤、武征伐。

韩非认为,每个时代有每个时代的特征和核心主题,历史变化的内在意愿主要在于人口和资源的关系。古时候人民不争，是因为即便男人不耕，草木之实足以果腹；妇人不织，禽兽之皮足以蔽体。如今，一人五子，子又添五子，光一个人就有25个孙子，人多了，财富少了，所以才有了争夺。

韩非子总结道："上古竞于道德，中世逐于智谋，当今争于气力。"在他看来，在当下争于气力的时代，靠道德和智谋显然无济于事了，因而韩非子反对"以先王之政治当世之民"，而主张"圣人不期修古，不法常可"，要与时俱进，否则就像守株待兔一样可笑。

5. 以吏为师　儒学旁落

李斯崭露头角

在吕不韦的门客中，最叱咤风云的莫过于李斯。李斯是楚国人，出生于今天的河南上蔡。一次如厕时，李斯发现，厕中之鼠肮脏猥琐，仓中之鼠肥头大耳，顿悟到人的地位高低、命运好坏关键在于所处的环境。李斯决心学习"帝王之术"，拜荀子为师。荀子的思想本已融合了礼法，而李斯则最终服膺法家。

嬴政即位那一年，李斯投在吕不韦门下做了舍人。吕不韦很快就看中了李斯的才干，任命他为郎，这个职位要负责管理宫廷侍卫，李斯便有了接近秦王的机会。李斯终于抓住了一次机会，向嬴政提出了一个战略性的建议：灭诸侯，成帝业，一统天下。李斯提出的计谋就是对六国实施内部分化瓦解的策略，具体办法是：暗地里派遣能说会道的谋士，带着金银财宝到各诸侯国去搞阴谋诡计。对那些实权派人物，能够用重金收买的，就用糖衣炮弹拉拢；糖衣炮弹打不倒，就干脆搞暗杀。为了搞坏各个国家的君臣关系，先用离间计进行挑拨，让君臣猜忌彼此异心，然后大军压境，攻城略地。李斯之计颇有效果，被秦王拜为客卿。

秦王逐客令

就在李斯忙着搞反间计、攻心战时，来自韩国的大间谍郑国，让李斯面临了扫地出门的危机。当时，韩国是秦东进之门户，在秦兵的鼙鼓声中，韩国派出了最有名的水利工程师郑国，成功劝说秦国兴修最大的灌溉工程，从泾水绵延300余里，其修筑时间之长、消耗人力物力之巨可想而知。韩国企图以此疲秦之计来拖垮秦国。

郑国间谍案曝光的时候，刚好秦国才经历了平定嫪毐之乱、罢免相国吕不韦等事件。久不被重视的宗室贵族们提出，吕不韦、嫪毐都

秦丞相李斯墓
李斯墓位于河南上蔡，是一个高大的土冢。墓的四周砌有石阶，墓前立有墓碑，上刻"秦丞相李斯之墓"

是外国人，却独掌大权，结果都出了问题。现在又出了个郑国试图来拖垮我们。事实证明，其他诸侯国来秦做官的人，出不了为他们自己的国家来削弱秦国的怪圈，强烈要求把客卿都驱逐出去。嬴政下了逐客令，李斯这个楚国人自然也在被驱逐的黑名单之列。

李斯奋笔疾书，一口气写了800字，上书给嬴政，这就是史上有名的《谏逐客书》。李斯的上书文采斐然，有理有据，历数外国人为秦富国强兵所起的作用，极富说服力与煽动力，让嬴政为之震动，很快就撤销了逐客令。李斯不仅渡过了危机，还获嬴政赏识，再次得到晋升，官至廷尉。

以吏为师

秦国自孝公以来本有崇尚法家的传统，秦始皇将假父嫪毐、仲父吕不韦的政治势力清除之后，将《韩非子》作为秦国政治的纲领性文件。秦始皇喜欢的是：故明主之国，无书简之文，以法为教；无先王之语，以吏为师。

以法为教，以吏为师，在法家的思想框架下，秦始皇推行了一种政教合一的治理模式。由此，法家取得意识形态的王者地位，自商鞅以来重视法家的传统，在秦始皇手里发扬光大，儒家则自然回到其私学地位。

韩非之死

顺便一提的是，韩非子在秦国也难逃劫数。嬴政兴师动众地用武力把韩非请到了秦国，李斯对师兄的到来却犹如芒刺在背。李斯曾自认为不如韩非,一旦韩非得势,对自己的权势和地位自然是一大威胁。于是,李斯联手姚贾在嬴政面前诋毁韩非说:韩非是韩国的贵族公子,我们秦国迟早要吞并诸侯,从人之常情来判断,韩非最终只会为韩国的利益说话,不会为了秦而致力于灭掉自己的国家。如果大王不用韩非,让他在这里逗留太久才回去,也会留下很多隐患,不如找个罪名把他处死算了。

嬴政听从了李斯和姚贾的唆使,派人把韩非抓了起来,准备治罪。为了防备隔夜生变,李斯派人给韩非送去毒药,逼迫他自杀。身陷囹圄的韩非莫名其妙地就被逼死了。当嬴政意识到给韩非弄个莫须有的罪名还是不对,韩非可是自己费了老大劲弄来的,怎么可以随便就治罪呢?遗憾的是,前去给韩非赦罪的官员发现,韩非已经吞药自尽了。

韩非之死,只是在秦国客卿的名单上再次添加一个冤魂而已。

我们必须清楚的是,法家只是秦国所接受的东方文化而已。

韩非死后,嬴政和李斯将韩非的思想发扬光大,李斯作为儒家学者荀子的学生,成了法家思想的干将。嬴政和李斯,自此君臣搭档,推动中国历史走向不可逆转的大一统。

小知识◎李斯《谏逐客书》

鲁迅读《谏逐客书》,评价说:秦之文章,李斯一人而已。

在《谏逐客书》中,李斯开门见山地指出,把客卿赶出秦国,错了!李斯列举了秦历代重用客卿和他们建立的赫赫功勋:

穆公:得由余、百里奚、蹇叔、丕豹、公孙支五个外来大臣,并国二十,成为"春秋五霸"之一。

孝公：任用商鞅行变法之举，使秦国走向富强之路。

惠王：用张仪连横之计，打破苏秦合纵六国的联盟，使秦国不断攻城略地。

昭王：得范雎，强公室，杜私门，蚕食诸侯，使秦成帝业。

李斯由此得出结论：秦国建功立业成就大器的四个君主，都仰仗外来之臣成就了事业，外来人员哪点对不住秦国呢？假使他们排斥外来的人才，秦国不可能走到今天的富强之路。

李斯又从嬴政的个人嗜好上打起了比方。陛下的宝藏中，有昆山之玉，有随、和之宝，有明月之珠、太阿之剑、纤离之马、翠凤之旗、灵鼍之鼓，如果都要秦国产的才喜欢，您哪来这么多宝物呢？真这么干的话，朝廷就没有夜光之璧做装饰，后宫里就没有郑国、卫国的美女，马厩里就没有千里马供您驱驰。如果一定要欣赏本土音乐，那就只能看到这样的场面：敲打着坛子瓦罐，弹着本地的筝，拍打着大腿，呼呼乱叫，吼着怪腔，这就是秦国的音乐了。

李斯提醒说，如果排斥外来人才，只会把人才赶到敌人那边去，相当于给敌国帮了大忙，这实在是太危险了。

◎茅焦

茅焦是秦始皇大臣中以儒为宗的人物。儒家讲孝道，那么，嬴政如何看待儒家的孝道？在这个问题上，茅焦曾和嬴政以死相争。

嫪毐兵变后，秦始皇将母亲赵太后迁往雍城，打入冷宫。嬴政驱逐母亲的举措，震动朝野，引起了不小的争议。大臣们纷纷冒死进谏，嬴政则来一个杀一个，没想到不怕死的大臣还真多，颇有前赴后继的态势，而嬴政刚刚主政，不想在这件事上和臣下妥协，只好继续大开杀戒，一连杀了27个进谏者。

最后一个不怕死的人叫茅焦，他开口就骂嬴政有狂悖之行而不自知，弄得嬴政一时反应不过来，只好让他细说。茅焦就说开了：陛下你车裂假父（嫪毐），有嫉妒之心；忍心把两个弟弟装在袋子里打死，有不慈之名；把亲生母亲关起来，有不孝之行；对谏臣施以蒺藜，陈尸阙下，有桀、纣之治。你干的好事全天下都知道了，没有人再愿意向着秦国了，秦国快完蛋了！茅焦说完就脱掉衣服准备就死。茅焦的一席话触动了嬴政，不仅没杀他，还尊他为仲父，拜爵上卿，还亲自把母亲接回咸阳。

这个故事，说明了来自东方的儒家孝道意识，最终成为一股巨大的压力，迫使秦始皇改变做法。将慈、仁、孝奉为正道的茅焦，显然是熟谙儒学并进入秦朝政治核心的儒家代表。

三 第一次打击：焚燔诗书

　　载入史册的焚书事件，是秦始皇被攻击的一大罪状。

　　焚书，起因于分封之争，这背后的原因是什么？

　　焚书大火中，究竟什么样的书被付之一炬？

　　焚书的后果是否真的那么严重？

　　而儒家学说在这一事件中，遭受了怎样的打击？

　　在焚书运动中，儒家学者又是怎样抗争的呢？

1. 焚书事件导火索：封建制与郡县制之争

秦灭六国后，一统江山的秦始皇，面对一个偌大的地理空间，接踵而来的问题就是：如何使这种疆域的统一落实为制度并使之得以延续？

曲阜孔庙大成殿
大成殿是曲阜孔庙的主殿，供奉孔子塑像，悬有清康熙题书的"万世师表"、雍正皇帝题书的"生民未有"、乾隆皇帝题书的"时中立极"、光绪皇帝题书的"斯文在兹"等匾额

每个新皇朝在草创之初,都无法回避这个问题。

秦始皇的问题是:与六国鏖战后夺得的土地人民,要不要分封给皇族和功臣?这个问题的背后,则是秦始皇选择传统的分封制,还是大势所趋的郡县制?

廷议中的争吵

要不要分封的问题,引发了一场朝堂上的争吵,大臣们莫衷一是的纷争进而演变为焚书事件。

丞相王绾、御史大夫冯劫、廷尉李斯等人首先对嬴政歌功颂德,他们认为,历史上的五帝,统辖的区域不过千里而已,各路诸侯和夷人有的来朝进贡,有的却不来,天子也莫奈其何。陛下您平定天下后,

秦诏版
出土于陕西,上刻秦始皇统一度量衡的诏书:"廿六年,皇帝尽并兼天下诸侯,黔首大安,立号为皇帝,乃诏丞相状、绾,法度量,则不壹,嫌疑者,皆明壹之。"

推行了郡县制度，统一了法令，这是上古以来从未有过的功绩。李斯等人奉承嬴政开创了亘古未有之事业，功盖三皇，德超五帝，郡县制的铺开就是重要理由。

丞相王绾等人建言：现在诸侯都灭亡了，像燕、齐、楚这些国家，地处偏远，不如让诸皇子在这些地方封疆为王，藩屏中央，请陛下恩准。

秦始皇没有直接表态，而是让群臣廷议。在封王这件事上，朝堂上似乎有一边倒的看法，都倾向于王绾等人的意见。

从群臣倾向性高度一致的情形来看，在当时对于分封的折中主义思想似很普遍。在王绾们看来，以朝廷为中心，核心区域实行郡县制，边远地区实行分封制，郡县制与分封制并存，以一种过渡的方式慢慢走向单纯的郡县制，不失为一种现实主义的做法。

封建制之兴

所谓封建，就是封土建国，周天子把"溥天之下，莫非王土"的土地，王畿土地为天子直辖，其余部分则可分封给自己的兄弟儿孙和贵族功臣，让他们在自己的领地内建立起大大小小的诸侯国。朝廷和诸侯之间的关系，靠的是血缘亲情，诸侯对朝廷有进贡的义务，同时有相当大的自主权，他也可以把自己的领地再行分封。

分封制度和爵位制度相配套，因爵位等级而有土地上的分封等级。具体而言，《礼记·王制》说，天子的土地方千里，公侯方百里，伯爵方七十里，子爵、男爵方五十里。

许倬云在《从历史看组织》一书中打了个精彩的比方，他把分封制看成是"分公司"制度。

为了经营这些不同的市场，周在当地设立了许多"分公司"。当然，

秦诏铭铁权
秦遗址出土，上有秦始皇统一度量衡的诏书铭文

在设立之初，他们挑选自己认为最能干的人，包括信任的老伙计，包括自己的叔伯兄弟与亲戚，分派带队出去。每个分封的队伍分配一小块土地去经营，只要每年回报成果，"分公司"的利润甚至不必缴回来。各个"分公司"的维持靠各自经营自己的地盘。"总公司"则是一个支援的力量。

在分封体制下，理论上周王实现了对全国土地的家族式统治，加上是自家人管理，应该很是靠得住的。但事实上，随着时间的推移，这些诸侯和贵族的后代与周王的血缘关系越来越远，各诸侯国彼此之间的亲情也一代一代疏远，靠亲情和血缘维系关系的可能性越来越小。由于诸侯的自主权很大，就有可能把自己管辖的领地发展得很强大，甚至对周边地区展开兼并和战争掠夺。与此同时，由于土地是不可再生的稀缺资源，可资分封的土地会越来越少，周王能够赖以奖掖下属的资源也越来越少，反而把自己的势力越弄越小，而那些强盛起来的诸侯，则凭借武力，在国际社会称霸，成为盟主，即所谓的霸主。周王则只成了秉承天命的象征性人物，慢慢就不被诸侯们看在眼里，有

三 第一次打击：焚燔诗书

些诸侯甚至到了连贡品也"包茅不入"的地步。

这种局面，用许倬云的比方，是"分公司"强大起来后，彼此展开市场争夺战，"总公司"则最终面临倒闭。

从封建到郡县

随着封建制走向穷途末路，一种新的政制应运而生，这就是废封建、建郡县。

秦废封建，不要再有分封诸侯，换句话说，股东不要去吃本钱。皇帝的儿子、皇帝的亲戚不要去瓜分皇帝的土地与人民。打一个譬喻，股东可以拿红利，但是，股东不要去分割分公司，不要去分割整体的运作。秦设郡县，等于不设分公司，而是成立办事处及代理人，直接向中央负责，地方官的成绩，都是直接向中央政府汇报。（许倬云《从历史看组织》）

春秋战国的数百年战乱，是封建制的必然产物。到了秦孝公时代，衰落的周室和它的封建制，也已走向式微，此时，需要寻找新的政治制度郡县制。

相对于封建制，郡县制的首领不再是贵族世袭产生，而是由国君任命，由朝廷发俸禄，其任期也不是永久的，而是随时可能换员走人。郡县不再是独立王国，而是置于中央的全面掌握之下。

尽管战国末年郡县制已普遍施行，但仍有封国掺杂其间，秦国亦然，如吕不韦、嫪毐都是封侯享国的。难怪《吕氏春秋》并不反对封建，还提出封建的种种好处和具体实施建议：分封建国，越靠近都城，封地越大，反之则越小，偏远的海边甚至有封地只有方圆十里的诸侯。这样，通过调节封地的大小来行使对国土的控制，并卫护君主的安全。

吕不韦作为丞相，在秦始皇的父亲庄襄王时代开疆拓土的东进行动中，客观上也辅佐秦主推动了郡县制的建设，如三川郡、太原郡的建立，就为郡县制的全面推行奠定了基石。

李斯力挺郡县制

在秦始皇的廷议中，当时身为廷尉的李斯力挺郡县制，反对分封。他说：周文王、周武王分封了众多同姓的子弟，但是他们的后代血缘关系越来越远，亲情越来越疏远，最后发展到为了争夺势力范围反目为仇，诸侯之间频繁发动战争自相残杀，周天子也没办法禁止。如今，赖陛下神明好不容易使天下达成一统，要寻求安宁之术，不如普遍实行郡县制，用国家征收的赋税来赏赐诸子功臣，再分封诸侯，就不合适了。

秦始皇最后总结发言：天下之所以纷争不断、战乱不休，都是分封制惹的祸。幸好先王保佑，我们平定了天下，如果继续封侯建国，等于再起祸端，迟早有一天又会重燃战火，国家安宁可不容易啊！我同意廷尉李斯的意见！

诚然，正如秦始皇所言，分封制最后导致了诸侯征伐不休，如果再走过去的老路，"是树兵也"。秦始皇选择实行单纯的郡县制，以中央集权的方式统治中国，在当时的情势下，当属具有远见卓识的大胆改革。

客观而言，王绾等人提出分封建议，实际上也是基于当时郡县制和分封制并存的现实，而一般人是很难超越当时的历史现实的。

秦始皇超越了历史现实，这成就了他作为一个伟大政治家的资本，他决意不事复古，而是向前看，做前人从未做过的事情：彻底推行郡县制，建立了 36 个郡。

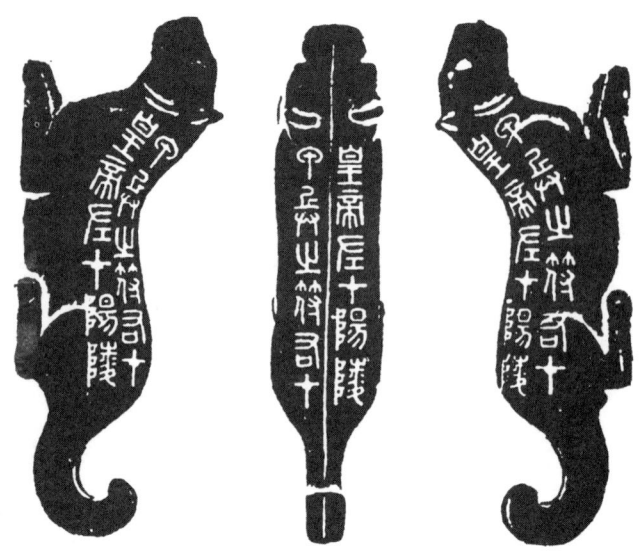

阳陵虎符

秦始皇统一全国后,颁发给阳陵驻守将领的铜制兵符。虎符高3.14厘米,长8.9厘米,虎形,有左右两半。铭文为:"甲兵之符,右在皇帝,左在阳陵。"

战国秦杜虎符

1973年在陕西西安郊区发现,陕西历史博物馆藏。上有铭文:兵甲之符,右才(在)君,左才(在)杜,凡兴士被甲,用五十人以上,必会君符,乃敢行之,燔之事,虽毋会符,行殹(也)

郡县之设

郡县制在秦始皇和李斯的合力之下强力推行。在具体的地方政权机构和官僚体制上,中央政府的下一级为郡,其最高执政长官为郡守,郡守之下,郡尉主管军事和治安,而郡的监御史则为中央派出的监察官吏和百姓的大员,以制衡郡守,使之听命于中央。

郡之下为县,相应的设县令(长),其下为丞、尉。县以下有乡、里两级行政机构,乡有"三老"掌教化,"啬夫"管诉讼和收赋税,"游徼"禁盗贼。里设里典,而亭则大致相当于县政府直属的派出所,设亭长,下设亭父、求盗各一人。

在这个从中央到地方的治理体系中,皇帝将用人权紧紧抓在自己手里,官僚系统破除世卿世禄制,使进贤使能成为现实,并派出听命于自己的监察官做耳目,封疆大臣独霸一方的可能性也大为减少。于是,强有力的中央集权体制在秦始皇的布置下,将全国网罗于一统。

秦始皇和李斯是在力排众议的情况下,强力推行单纯的郡县制,郡县制和封建制的论争,以行政命令的强制手段而平息。但实际上,反对派似乎并没有偃旗息鼓。新制实施了8年之后,也就是秦王政三十四年,分封与否的问题再次被提出,这次事件的平息,更以一场写入历史的焚书事件而收尾。

郡县制的中央集权对汉代大一统的启示

"大一统"一词最早见于《公羊传》:"元年者何?君之始年也。春者何?岁之始也。王者孰谓?谓文王也。曷为先言王而后言正月?

王正月也。何言乎王正月？大一统也。"

大一统，意思为以一统为大，诸侯王要服从于国君的统制。其实，诸子百家争鸣归争鸣，都是主张统一的。孟子曾说："不嗜杀人者能一之。"荀子也希望"四海之内若一家"，还特别指出大一统的四项具体标准，即法治有条不紊，吏治清廉良善，民心醇朴乐施，社会风气优雅宽厚。

按公羊家的说法，大一统的理念，包含政治统一、国土统一、文化统一和民族的统一。秦统一中国时，这四点都基本做到了。郡县制的推行，即是重要举措。

贾谊在"过秦"的同时，肯定了秦朝大一统的观念。贾谊为了中央政权安危的现实性考虑，而力主削藩以固朝廷。贾谊先是向文帝建议让"列侯悉就国"，分化诸侯的辅从力量；进而提出了割地定制、"众建诸侯而少其力"的策略，这一策略，经晁错、主父偃，从文帝、景帝到武帝，最终得以分步成为现实。

董仲舒则提出："《春秋》大一统者，天地之常经，古今之通谊也。"董仲舒提出在思想上归于一统，以孔子所代表的儒家学说和《春秋》大义，来一统天下人心。

小知识◎郡县制的兴起

郡县制由来已久。早在秦武公时代，就有了设县的记载。武公十年，讨伐邽、冀戎获胜，将这两个地方设置县治。武公十年为公元前688年，可见，最晚在公元前7世纪末秦国已经出现了县制。

秦孝公任用商鞅变法的一项重要举措，就是推行县制，商鞅将一些乡、邑统归于县的管辖之下，县里设县令、县丞作为行政官员，共设置了31个县。

商鞅时已是封建制走向没落的时代，在商鞅之前，吴起变法就已经对封建制动手了，他向楚悼王分析当时楚国的问题在于大臣权力太重，分封的君王太多，导致他们欺上凌下，这是国家贫困、军队衰弱的根源。吴起建议废除封君的世袭制度，到第三代就收回爵位和秩禄，同时精简政府机构和官员，让真正的贤才发挥作用。

郡的出现，在春秋时代还很少见，《左传》哀公二年（公元前493年），赵简子誓师曰："克敌者，上大夫受县，下大夫受郡。"就秦国而言，惠文君十年（公元前328年），魏纳上郡15县。公元前312年，秦伐楚，取汉中地600里，置汉中郡……这意味着战国时期，除齐国外，郡制已经普遍施行了。

2. 焚书之祸

秦始皇的一场寿宴，平地里掀起了一场封建之争。封建之争，又如何点燃了一场焚书之火？

周青臣奉承秦始皇　淳于越再掀分封之争

公元前213年，秦始皇在咸阳宫大摆筵席宴请群臣，博士70人前来为他祝寿。博士班的班长、仆射周青臣为秦始皇歌功颂德，赞扬道：陛下在秦地不过千里的情况下，英明领导秦国平定海内，放逐蛮夷，日月照耀之所在莫不俯首称臣。昔日的诸侯领地上，如今设置了郡县，老百姓安居乐业，再也没有战争之患，陛下的丰功伟绩一定会传之万世，古往今来，还没有人能比得上陛下您的威德。酒醉微醺的秦始皇当众听到这番奉承话，自然心情很爽面露喜色。

可来自齐国的博士淳于越却不以为然，他不怕扫秦始皇的兴，说：殷、周统治天下有千余年，一直采取的措施是分封子弟功臣，以此作为枝辅。而如今，四海之内都是您的领土，而您的子弟竟然只是匹夫一个，万一发生田氏代齐这样的祸患，谁又有能力来相救呢？不从历史中吸取教训而要实现长久之治，这是闻所未闻的事情。在淳于越看来，周青臣的奉承话属于拍马屁，阿谀奉承皇上，实则怂恿了皇上的过失，不是忠臣所为。

淳于越是齐人，齐的稷下是儒家文化最为活跃的基地之一，淳于越敢于在秦始皇得到称颂时当众泼一盆冷水，倒也有份狷介之气，显然他是有备而来。可以想见，在那个时代，儒家诸生要么甘于潦倒寂寞，要么迫于形势，不得不纷纷改专业去学法律，实在是痛苦难当，要说没怨言，是不可能的事。更关键的是，儒家的主导地位被法家夺了去，其经济地位也就一落千丈，在一个吏治国家里，儒家学子如果不与法家妥协就找不到好工作。在这种情况下，淳于越想不提意见都难。

秦始皇倒是显得很大度，似乎有点明白"静退以为宝"的技术，决定以廷议的方式来讨论究竟要不要分封子弟功臣的问题。

李斯的回应

在廷议中，丞相李斯站了出来，他说：看问题要与时俱进，不能向后看，要向前看，今天陛下创的是千秋大业，建的是万世之功，自然不是几个愚陋的儒生能明白得了的。淳于越提倡的是远古的三代之事，怎么可以复古效法呢？李斯进而给淳于越们安了个罪名："今诸生不师今而学古，以非当世，惑乱黔首。"法家是主张法后王的，李斯抨击儒生不去好好领会今天的郡县制所代表的先进文化，却拘泥于过时的郡县制，而且，还借古讽今，混淆视听，煽动不明真相的群众抗拒新法。

给对手戴上"惑乱黔首"的高帽子后，李斯再紧追一步，大肆攻击儒家思潮：

"古时候天下纷乱，无法统一，于是诸侯争霸，杀伐不断。这一切导致的是道古害今、虚言乱实、私学流行、非议朝政，这些以古非今、持不同政见的人，是新社会的大害。如今天下一统，'别黑白而定一尊'，思想是必须统一的。但社会上私学不绝，时常非议法治、诽谤朝政，这些人热衷异端邪说，制造舆论攻击政府，总有一天会形成反对党，势力大起来就可能有如洪水猛兽有损皇上权威。"

焚书之议

李斯这时候已经转移了话题，不仅把分封制打入了冷宫，顺便还借机打击官学之外、来自社会底层的私学，目的就是控制舆论，钳制言论自由。

李斯提出建议：臣请史官非秦记皆烧之。非博士官所职，天下敢有藏《诗》、《书》、百家语者，悉诣守、尉杂烧之。有敢偶语《诗》《书》者弃市。以古非今者族。吏见知不举者与同罪。令下30日不烧，黥为城旦。所不去者，医药卜筮种树之书。若欲有学法令，以吏为师。

李斯意识到了思想统一的重要性，这是他的英明处，但他提出的方法却是压制和打击，试图以愚民政策来强制执行，显然是一种失策行为。李斯提出了一个招致千古骂名的建议：焚书。

焚书令详解

焚书令可分解成如下条目：

（1）史书：秦史保留，六国史记烧掉。李斯特别强调"史官非秦记皆烧之"，实际上是要毁灭六国文化遗产，因为后者提供了秦国官方历史叙述之外的选择。

（2）《诗》、《书》、百家语，非博士官所职守保管的，一律烧掉。这意味着儒家的《诗经》《尚书》，还有法家之外的诸子著作，都是焚烧对象。博士官管着的书可以不烧，背后的深意是官方要垄断文化遗产。

（3）医药、卜筮、种树三种纯属实用的书，给予保留。易经有卜筮价值，当不在焚烧之列。

（4）令下30天内没有执行，还藏有《诗》、《书》、百家语等该烧没烧的，给予脸上刺字、罚作修城墙苦力的惩戒。

（5）偶语《诗》《书》者弃市，两个人在一起谈论诗书，要杀头；以古非今者族，用古人来讽喻现实，竟然要杀全家！官吏知晓以上行为而不举报的同罪论处。

（6）若有欲学法令，以吏为师。这意味着，秦朝的官吏，既是官吏，又是老师，这实际上就是一种"政教合一"的举措。章学诚认为，"以吏为师，三代之旧法也"，秦人不事师古，而唯一复古的就是以吏为师，走三代政教合一的老路。钱穆一针见血地指出，这是历史的倒退，因为，"学术之进步，正在其能脱离政治而独立"。

值得注意的是，没有限期烧书的，只需要罚作城旦，这样的惩罚在秦朝并不算严酷。后果严重得多的不是拒绝焚书，而是"有思想地说话"。"偶语《诗》《书》者弃市"，一起切磋《诗》《书》竟然要被杀头！更严重的是"以古非今"：灭族！借古讽今竟然要全族斩尽杀绝。

看来，秦始皇和李斯醉翁之意不在焚书，而在试图以强力镇压言论自由来赢得思想统一。这也从侧面反映了当时民间的思潮对当政者已经形成了不小的压力。

3. 焚书之争

焚书一事，历来众说纷纭。争论的焦点有两个：第一，究竟哪些书被烧了？第二，焚书的后果到底有多严重？

关于所烧为何书的争议

焚书令所涉及的对象，刚好反映了当时的书籍有如下三大系：一系是官史，其中有周史、秦史和六国史；一系是儒家典籍，《诗》《书》《礼》《乐》《易》五经；一系是诸子百家。

据徐复观分析，后两系的书也有入官书的。他从"非博士官所职，天下敢有藏《诗》、《书》、百家语者"都要烧掉，得出结论："博士中不仅藏有《诗》《书》，而且有的是藏'百家语'的。"

那么，这三大系书籍究竟烧的是哪些？以下是几种观点：

"只烧民间藏书"说

执这种观点的人认为，秦始皇所烧之书，仅针对民间，博士官所掌管的则不烧,其代表人物是刘大櫆,他专门就焚书写了一篇《焚书辨》,认为李斯焚书是为了打击私学,制造学术垄断,实施愚民政策,从而达到肃清以古非今现象的目的。

梁启超也持这一观点,理由是焚书令中虽然也一并禁了《诗》、《书》、百家语,但只限于非博士官所有,由此可推断,博士所有显然是不烧的。

郭沫若也认为焚书只针对民间藏书,他在《青铜时代》中说:"可见就是《诗》、《书》、百家语,所烧的只是民间私藏,而官家博士所掌的是没有烧的。"

"博士官书被烧"说

章炳麟的《秦献记》中说,秦烧书篇,"秘书私医,无所不烧。方策述作,无所不禁。"

"仅焚五经,不及诸子"说

这一派的代表人物是王充,钱穆认为王充《论衡·书解篇》中的观点最为可信:"秦虽无道,不燔诸子。诸子尺书,文篇具在。"王充认为,五经遭遇了焚烧之祸,伏生(即伏胜)等人有偷偷藏书之举,但到了汉代,收上来的五经,已经残缺不齐。王充认为倒是诸子著作没有焚烧,书中篇章是比较完整的。

赵岐《孟子题辞》中分析说,焚书令对儒家私学打击很大,私学纷纷解散,而《孟子》一书为诸子书,不在焚书之列,故得以流传下来。

刘勰《文心雕龙》中也说暴秦烈火,不及诸子。

章炳麟反驳了这一观点,他说,如果说不烧诸子著作,那么李斯建议中所说的"百家语",又是指什么呢?章炳麟认为,"百家语"

"道阐尼山"匾额
悬挂于山东邹城孟府亚圣殿正中门额,"道阐尼山"系清乾隆帝手书。"尼山"代表孔子思想,"道阐尼山"表示孟子继承和发扬了孔子的思想,孔孟之道是同一体系一脉相承的

实际上就是指的诸子著作。至于诸子著作遭遇了焚书令却保存完好,是因为这些书多议论,少史实,加上语言明白易懂,口耳相传的人多。从下焚书令到陈胜起事,前后不过5年,即便烧了,也能够背下来再书于竹帛。而诸侯各国的史书、儒家诗书,大多数记载的是史实和礼仪制度,不便于记诵,其中的《尚书》更是难读,因此往往残缺不全。至于《诗经》,因为押韵,又随音乐流行,也就没遭灭顶之灾。

百家语在焚烧之列自有其道理,不过,记忆背诵能否解释诸子著作得以保存的主因,是值得商榷的。

"烧古文书"说

钱穆先生把焚书与统一文字联系起来看时,发现"《诗》《书》皆古文,与秦文不合。秦既统一天下文书,罢其不与秦文合者,则古

北京孔庙十三经石刻
十三经石刻共有石碑190座，碑上刻有《周易》《尚书》《诗经》《周礼》《仪礼》《礼记》《左传》《公羊传》《穀梁传》《论语》《孝经》《孟子》等13部儒家经典著作。

文书与新朝官书抵触，不合时王之制，在无用之列，故尽遭焚灭也"。

秦始皇在坑儒之前说过："吾前收天下书不中用者尽去之。"他所说的"不中用者"，指的就是用古文写就的书籍。当时，儒家经书多是用古文写的，而诸子著作则多为今文写的。从统一文字的角度，把用古文字书写的民间藏书烧掉，而用秦之"今文字"书写的诸子百家则幸免于难。

关于焚书后果的争议

今天的人们谈"焚书坑儒"而色变，而扼腕，那么，焚书后果到底有多严重？历史上同样聚讼不一。

观点一：没有想象的那么严重

前文说焚书令下达 30 天内不执行要罚去修城墙出苦力，比起偶语《诗》《书》者杀头、以古非今者灭族来说，罪行要轻得多。为此，一些学者对秦焚书到底产生了多大的破坏性，便有了保留意见。《剑桥中国秦汉史》的观点是："简而言之，焚书所引起的实际损失，可能没有像历来想象的那样严重。"

郑樵说，秦人焚书，书却保留下来了；诸儒穷经，经书反倒亡佚了。郑樵认为焚书令执行得并不彻底，还不如汉儒皓首穷经对儒家的破坏性来得大。

从后来的历史事实看，汉除"挟书律"后，各地纷纷献书，这些情况可以说明，焚书令并未彻底摧毁民间藏书，也说明人们冒死保护藏书的可贵。

观点二：项羽、萧何难逃其责

秦始皇、李斯固然有焚书之举，但学者对项羽和萧何的批判声也不绝于耳。

司马迁《史记》中载，刘邦进军咸阳时，萧何没有和其他人那样去抢金银财宝，而是先把法律文书收了起来，以便了解全国的要塞所在、户口多少、强弱所在。项羽的军队进入咸阳后，将投降的秦王子婴杀了，然后放了一把大火烧毁了秦宫室，"火三月不灭"。秦宫室藏书自然随之化为灰烬。

刘大櫆在《焚书辨》中说，"吾以为萧何，汉之功臣，而六经之罪人也"。为什么这么说呢？刘大櫆的理由是，萧何单单收藏了秦丞相御史律令图书，对于未被焚烧殆尽、传承先王文化的唯一希望所在——秦博士所藏之书，却没有史料说他爱惜过、珍藏过。也许萧何认为儒家经典对于夺取天下没什么用，于是熟视无睹没有带走。所以，"六经之亡，非秦亡之，汉亡之也"。刘大櫆说，项羽入关之前，李斯焚书并不彻底，所以，焚书之过，李斯之罪反倒没有项羽那么大。

萧何之错，错在只保护了法律图书，置儒家和诸子典籍于不顾；项羽之错，错在咸阳一炬，将本已遭遇劫难的文化典籍化为灰烬。

观点三：秦火破坏严重

司马迁生活的年代离秦不远，他认为焚书之火，燃向天下《诗》《书》，尤其是六国诸侯史记，因有所讥刺，所以摧残格外严重。而《诗》《书》之所以还能重见天日，是因为民间收藏比较多，而史记则都藏在周室，所以一把火就烧光了，只留下秦国的史记，而秦人没多少文化，所记史实没有写明发生日期，写得很简单，不是很翔实。所以，司马迁忍不住扼腕叹息：惜哉，惜哉！

梁启超也痛心疾首于焚书令对史籍的毁灭性打击："惟周室及诸侯史记，则一烬无复余。"他认为，从三代春秋以来，学术的渊源，实际上来自史官。所以春秋时代的学者，一定从史记中求得正道。即使圣人孔子，也到周朝参阅史书，才敢有所述作。"秦燔史记，而千余年先民进化之总记录，一举而尽。"汉代学者之所以绞尽脑汁去做文献考据的功夫，皓首以穷一经，其中的一大原因就是文献缺失，不得已抱残守缺。梁启超也浩叹：学术正开始走向繁荣却将其摧毁窒息，这是秦始皇的罪过啊！

4. 鲁壁藏书：对焚书令的抵抗

焚书令推行后，来自民间的抵制也随之出现，最典型的案例就是孔子九世孙孔鲋和伏胜偷藏禁书的故事。

孔鲋的父亲孔谦曾经做过魏国的国相，跟随父亲在魏国时，孔鲋结识了名士张耳、陈余。秦始皇下达焚书令时，陈余提醒孔鲋说，秦

曲阜孔府鲁壁
明代为纪念孔鲋保藏儒家经书的功绩而刻制鲁壁碑

将灭先王之籍，而你有那么多书，一定要小心从事。孔鲋于是把部分儒家经典，如《尚书》《论语》《礼记》《春秋》《孝经》等书，秘藏在孔子故居的夹墙中。汉武帝时期，鲁恭王刘余扩建宫室，拆除孔子故宅，发现了壁中藏书。当时，在拆墙现场，鲁恭王隐隐闻见了钟磬琴瑟之声，于是吓得停工了，结果在墙壁中发现了古文经书。

孔鲋所藏的这批以蝌蚪文写就的古文经典，后来由其弟子孔襄之子孔安国博士加以整理，开创了古文经学。

这就是著名的"鲁壁藏书"。今天，在曲阜的孔府，还能见到明代所刻"鲁壁"碑。

秦博士伏胜也秘密保存了自己的藏书，使得《尚书》流传后世。

小知识◎孔鲋

焚书坑儒事件中，他将儒家经典藏于墙壁，保留了珍贵的古文经籍；陈涉起义，他投身革命，不惜慷慨赴死。他就是秦始皇时代最勇敢、最悲壮、最值得尊重的儒者孔子第九代孙孔鲋。

孔鲋（公元前264～前208年），字子鱼，一名甲，《孔丛子》据说是孔鲋所撰。生于战国之世、长于兵戎之间的孔鲋，独乐先王之道，讲习不倦，成为儒学大家，聚徒讲学，以致治为治学之道：治世则助之行道，乱世则独善其身，这是致治的根本。后来为刘邦制定礼仪的叔孙通，就是孔鲋的弟子。

陈胜、吴广起兵反秦，陈余向陈胜推荐孔鲋，说孔鲋属于通才型人物，博学多闻，思想深刻，足以兼济天下，如果

孔庙大成殿"生民未有"匾

"生民未有",清雍正帝题写,意思是人类历史上再无像孔子一样的人

孔子墓及墓碑

山东曲阜孔林,碑刻"大成至圣文宣王墓",明代正统八年(1443年)黄蒙(黄养正)书

器重此人,必将天下无敌。陈王大悦,以厚礼往聘子鱼,并亲自郊迎,两人执手而谈,子鱼劝以霸王之业,彼此相见甚欢。陈胜以孔鲋为博士,将他视为最尊重的智囊。从此,孔鲋率领鲁国诸儒生,带着孔子的礼器往归陈王,投身于抗秦运动。最终,孔鲋以儒者之身而死于战斗中。

为什么孔鲋会有如此悲壮的举动?司马迁认为,这是因为秦始皇焚书坑儒,打击了儒家之学,孔鲋故而心怀幽愤,进而投身陈胜的抗秦之举。

孔鲋以藏书之智和抗秦之勇,给我们展现了秦时一位儒者的尊严。

5. 焚书对儒家的打击

焚书实际上并不是李斯的创举,早于李斯100多年的商鞅就已经这么干了。《韩非子》一书说商鞅"燔诗书而明法令",打击儒家的私学,推行政教合一。《商君书》和《韩非子》作为法家文献,均有对儒家学说的排斥和攻击。而商鞅和李斯的焚书,只是将这种言论攻击转换为实际行动而已。

我们试从以下四个方面对焚书一事对儒家的打击加以整理。

对儒家古文经典的摧毁

司马迁生活的时代距秦焚书不过几十年,他总结焚书后果为:"及至秦之季世,焚诗书,阬术士,六艺从此缺焉。"东汉班固的《汉书》所说与司马迁大同小异,认为焚书坑儒对儒家的打击几乎是毁灭性的:六艺是儒家学说的基本内容,焚书使得儒家的六艺之学不再完整。

譬如《礼》,司马迁认为,在孔子的时代,固然礼经已经不完整了,到了秦始皇焚书,书散亡更多,破坏损毁就更严重了。到司马迁生活的时代，只有《士礼》保留完好。

王充论焚书的后果为："《五经》皆燔，非独诸〔诗〕家之书也。"不仅仅儒家的经典，诸子之书也遭遇了秦火。

刘歆《移书让太常博士》中说，孔子去世后，特别是七十子之后，儒家的微言大义走向式微。战国时代，儒家倡导的礼乐文化遭到抛弃，孙、吴兵家之术开始兴盛。在刘歆看来，儒家在秦时遭遇的打击也是灾难性的，"道术由是遂灭"。

欧阳修在他撰修的《新唐书》中说，由于遭遇了焚书之难，儒家的经典即便有的在汉代重现，也难免出现错简、乱简、缺简、讹误等现象，原典的真实面貌已经很难寻觅了。正是在这种情况下，汉儒展开了章句之学，试图整理和诠释经典。由此而来的传注、笺解、义疏等，大致描画了儒家经典的思想轮廓，但也不免流于烦琐。

对儒家私学教育的打击

李斯在提出焚书动议前，分析了秦中央政府当时面对的形势："私学而相与非法教。"儒家等各派在民间开展的私学教育和传播，形成了对秦始皇法家治理思想及其相关政策法令的对抗。人们听到了新的政令，便按照自己所崇尚学派的思想来评价和议论，在家时心里对新法反感，出门后则在街巷中议论纷纷，唯恐言辞不激烈，观点不偏激，由此谣言四起，诽谤成风。

李斯的分析恐怕并非虚言。与法家"法后王"相反，儒家倡导"法先王"，既如此，"以古非今"也就在情理之中。而且，秦灭六国并没多久，战国"处士横议"之风仍旧是习惯所在，对秦政府的政令加以议论乃至抨击，在每每喜欢以微言大义讥讽政治的儒家看来，并不是多么过分的事。可见，儒家的私学已经在舆论上形成了一股不可小觑的在野势力。

儒家的私学，自然在李斯打击之列。赵岐《孟子题辞》说："孟子徒党虽尽矣，其篇籍得不泯绝。"徒党之尽，意味着焚书令连带将儒家的私学列入了打击对象，因为，私学必然会"偶语诗书"的。正因为打击之惨烈，孔子的九世孙孔鲋才会愤而参加了陈胜的反秦队伍。

对儒家政治精神的打击

先秦儒家坚持道统高于正统的政治思想，对于王权政治保持着一定的独立观察的距离。而秦始皇焚烧六国史籍，针对讥刺现实政治的可能性；焚烧民间所藏诗书，针对儒家以古讽今的议政传统。

尽管没有证据表明焚书令对儒家政治精神带来的转变，但事实上，在不久后的汉代，董仲舒便一反儒家的传统，强化了"尊君"思想。

也许，在面临灭顶之灾的打击之后，儒家流派也不得不思考如何与王权相妥协。

焚书令的阴魂

焚书令带来的文化暗示和对后来君主的潜意识影响，也不可小觑。

梁启超痛心疾首地说：焚书的本意在于愚民，且法令施行遍及全国，而战国末期，正是学术思想磅礴勃兴之时，突然以政府的专断打压，夺去了民众的学术研究自由。摧折文化，焚书为烈，祸患最大的，又莫过于灭绝诸国史记。

不论焚书一事有着多么现实的社会背景和多么深刻的历史渊源，它的出现，无疑是中国文化的一场浩劫。不论它的实际破坏性效果后人是否有所夸大，至少有一点是肯定的：焚书一事，开启了压制言论自由和民间私学的恶劣先例，"文字狱"屡屡在后来的历史中出现，自有秦始皇、李斯焚书的阴魂在。

小知识◎挟书律

公元前213年，秦始皇采纳丞相李斯的建议，颁布法令禁止儒生以古非今，违者灭族；民间有私藏《诗》《书》和百家书籍者，都必须上缴烧毁；有敢偶语《诗》《书》者弃市。这就是挟书律。西汉王朝初期，制度基本上是继承秦朝，挟书律也不例外。直到汉惠帝四年（公元前191年），才取消了挟书律。

秦朝以"焚书""坑儒""挟书律"等文化专制手段，试图取得思想的大一统，但法家的愚民政策并未带来政权的长久延续。后人反思秦始皇抛弃了古代圣王重视礼乐教化的传统而专任刑罚，采用申商、韩非之说，严法治国，禁止私学和民间藏书，最终成为秦朝二世而亡的原因之一。

随着挟书律的废除，儒家思想有了进一步勃兴的土壤。

四 第二次打击：坑儒血案

坑儒，祸起何因？

坑儒，坑杀了谁？是儒生，还是方士？

长生不老，求仙问药，秦始皇如何一步步被骗上当？

秦始皇冲冠一怒的背后，究竟有怎样的隐情？

1. 被方士忽悠的秦始皇

焚书与坑儒本来是两大事件,坑儒发生在焚书一年之后,后人将两件事连在一起说,便有了焚书坑儒之说。事实上,秦始皇不仅坑了儒生,还坑了方士,且事件的起因源于方士。

燕齐方士

方士是阴阳家邹衍的门徒,当年邹衍凭着《主运》等篇章,不仅在齐国受器重,梁惠王、赵国平原君、燕昭王都对他以礼相待,比起孟子来风光得多。燕国和齐国靠近渤海,所以盛产方士,被人们称为"燕齐海上之方士"。早先,齐威王、齐宣王、燕昭王就派人入海访求蓬莱、方丈、瀛洲三座神山。据说神山里有黄金白银筑就的宫阙,禽兽都是浑身雪白,曾经到过那里的人见到了仙人,还有长生不老的仙药。不过,燕、齐国王派去的使者,回来后报告说,虽然远远望见了如云般绚烂的三座神山,将船驶近时,这些神山却沉到水底去了,再靠近,则刮起了一阵大海风,把船给吹回来了。

海上求仙屡屡失败，而国君们却并不甘心。秦始皇也是不甘心者中的一员。秦始皇一统天下后，先后5次出巡，其中4次到了海边，这也给擅长神仙方术的方士们创造了机遇。

求仙问药

公元前219年，41岁的秦始皇第二次出巡，封禅泰山后，君臣一行来到了琅邪。秦始皇被神奇的大海所吸引，久久盘桓不去。琅邪这个地方统一前属于齐国，一个叫徐巿（即徐福）的齐人向皇帝上书，说大海中有三座神山蓬莱、方丈和瀛洲，山上住着仙人，请求皇上恩准自己斋戒沐浴后带着童男童女去拜访仙人。秦始皇同意了，徐巿便带着数千童男童女入海求仙人。

求仙问药为秦始皇巡游历程中的一大主题。不仅仅徐巿，打着为秦始皇长生久视的旗号而来的人不断出现。在秦王政三十二年，秦始皇第三次出巡到碣石时，派燕人卢生求仙，还派遣韩终、侯公、石生

蓬莱阁
传说蓬莱、瀛洲、方丈是海中的三座神山，为神仙居住的地方，自古便是秦皇汉武求仙访药之处。广为流传的"八仙过海"的神话传说便源于此

寻访仙人求取不死之药。没想到，卢生海上求仙的结果是，不仅没有找到长生不老的仙药，还胡诌说自己遇到了鬼神，并给秦始皇献上了从所谓的鬼神那里复制的谶纬图书，上面写着："亡秦者胡也。"秦始皇把"胡"字理解为北部边疆的胡人，于是，派遣将军蒙恬发兵30万人麾师北上攻打胡人，夺取黄河以南的一片土地。秦始皇没有料到，亡秦者，会是自己的儿子胡亥。

始皇受骗

三年后，卢生又出现了。这次，他依旧没有带回仙药，反而游说秦始皇说："微臣不辞辛苦去求灵芝、奇药和仙人，老是找不到，恐怕是有东西在作梗。皇上最好隐秘行踪，驱除恶鬼，恶鬼走了，神仙就会来。如果陛下住的地方被大臣知道了，会妨碍神仙显灵。神仙真人，入水不湿，入火不烫，腾云驾雾，与天地同寿。希望您所居宫殿不要让人知晓，这样不死之药才能求到。"

秦始皇再次相信了卢生，说："我倾慕真人，从此自称'真人'，不称'朕'。"

不论对于法家还是儒家而言，正名都是头等大事，秦始皇自改称谓，可见他对求仙问药已经痴迷到了走火入魔的地步。与之相应的行动是，秦始皇下令把咸阳附近200里之内的270个宫殿，用复道、甬道相连，帷帐、钟鼓、美人充入其间。如果有人泄露了皇上所幸之处，则罪该一死。

在法家思想中，神术本来是为了防备臣下欺君罔上的，卢生竟然用此术把秦始皇欺骗了。

2. 坑儒？坑方士？

卢生们的骗术能坚持多久？

骗局穿帮时刻步步逼近，卢生们能否安全脱身？

对一场骗局的惩罚，为什么会把儒生也牵扯其中？

方士的密谋

不论方术之士们如何在秦始皇面前屡屡得逞，但求仙问药无法成功却是明摆着的现实。卢生这帮方士越来越担心自己露出马脚，他们已经撑不住了，于是侯生和卢生一起商量对策，他们分析了秦始皇的为人：

首先，他是个脾气刚强暴戾的人，还自以为是，自认为老子天下第一。

其次，在用人方面，他专任法家的狱吏，博士只用来装点门面，对儒家没有足够的重视。司马迁在《史记·秦始皇本纪》中说，尽管有70位博士，但并不任用，只是摆设而已。

再次，他实施严刑峻法，滥施淫威。他用法律来强制人的行为举止，而人们口服却心不服。

此外，他还是一个独断专权的暴君。什么事情只能皇帝说了算，大臣只是执行者，没有人敢在皇帝面前说半个不字。秦始皇贪于权势到了不可思议的地步，事必躬亲，"以衡石量书"，奏章文书都定量计数，一石约相当于今天的60公斤，即使秦始皇一天只批阅一石奏章，工作量也是很大的。

卢生们知道，自己开出的方子没法验证，是要依法被杀头的，他们在为自己一厢情愿地寻找到自欺欺人的道义说法后，很知趣地一逃了之。

坑儒事件

秦始皇得知卢生们逃亡的消息后，不禁勃然大怒：我上次把不中

"秦坑儒谷"碑

"秦坑儒谷"碑，在"坑儒遗址"不远处，上刻"秦坑儒谷"四个大字。这便是2000多年前秦代儒生被坑杀之地

用的书都烧了，招徕大批文学、方术之士，希望文学者能为国家兴太平，方士能求来仙药，结果是，韩终这帮人一去之后杳无音讯，徐福等人耗费了资财巨万，也没见仙药的影子，只是欺骗钱财而已。卢生这帮人我给了厚赏，竟然还诽谤我，污蔑我的德行。那些在咸阳的诸生，我派人去查问，发现有的人也在妖言惑众。秦始皇实在是龙颜大怒。

秦始皇采用了惯用的"传相告引"的办法，让嫌疑犯互相告发，结果460余人被坑之咸阳，并使天下知之，以儆效尤。坑儒生方士一事的余波，是发谪徙边。

坑儒之争

今天的人们习惯于说秦始皇"焚书坑儒"，顾颉刚则认为："当时儒生和方士本是同等待遇，这件事又是方士闯下的祸，连累了儒生；后人往往把这件事与'焚书'作一例看，实在错误。焚书是初统一时的政治使命，坑儒则不过始皇个人发的脾气而已。"

秦始皇所坑，到底是儒士还是方士？历来有不同看法。

坑方士说

明人于慎行认为，秦始皇所坑460多人，"皆卢生之徒也，坑之诚不为过"。也就是说，于慎行认为，秦始皇坑杀的不是儒生，而是方士，而且这些大肆行骗的方士本来就该杀。

梁启超认为祸端是由方士引起的，而所坑者十有八九是该杀的，如同汉朝那些文成五利之徒，靠邪门歪道谄媚惑上来谋取富贵的人。梁启超甚至认为，把这些方士坑杀了，正好可以涤正世风，惩创社会蠹虫，此举实际上功大于过。

《剑桥中国秦汉史》则认为,所谓坑儒,不过是一个虚构的传说:"有充分的根据把它看作虚构(颇为耸人听闻的虚构)的资料,而不是历史。"

坑儒说

主张坑儒的一派,主要依据的是秦始皇坑了"四百六十余"诸生,公子扶苏劝谏秦始皇说:"诸生皆诵法孔子,今上皆重法绳之,臣恐天下不安。"既然所坑的是诵法孔子的诸生,自然就是儒生无疑了。

儒生、方士俱坑说

不过,吕思勉认为,坑儒之事,既然因方士诽谤而引起,那么所诛者未必尽是儒生,所坑诸生,不一定都是诵法孔子的。至于扶苏劝谏父皇的话,吕思勉认为只是后人附会之词而已。吕思勉的弟子钱穆说,秦始皇时期未尝废儒,也未尝将天下之儒集体坑杀,所坑的基本上都是方伎之流,还有当时儒生中非议朝政、与秦始皇政见不合的人。

其实,司马迁《史记·秦始皇本纪》中所载,秦始皇说,卢生等人诽谤自己,诸生在咸阳妖言惑众,因为这两点,秦始皇才大开杀戒的。显然,所坑的既有方士,又有儒生。还有一个不能忽视的历史事实:当时,儒生与方士合流已然成风,一定程度上,儒生亦方士,方士亦儒生,故将坑方士说成坑儒,也是情理中事。

3. 坑杀事件的真正隐情

一桩诈骗案，为什么上升为诽谤案？

秦始皇坑杀之举，背后的真正用意是什么？

"坑儒事件"发生后，儒家遭受了怎样的损失？

从诈骗案到诽谤案

值得注意的是，卢生一案原本是一起诈骗案，而到了秦始皇这里，诈骗案显然并不重要。一则身为皇帝竟然被骗，徒然浪费了很多钱财，自然很没面子。二则更重要的是，秦始皇在意的是：方士"诽谤我"，儒生则"为妖言以乱黔首"。于是，案件的性质发生了根本的变化，变成了诽谤案。

所谓诽谤，所谓妖言，其实质就是对秦始皇的执政方略的不满和反对，正如卢生指责秦始皇"专任狱吏"等言论，是对以法治国的反抗，这是秦始皇最担心的，也是最不能容忍的。

从坑儒谷的传说来看，诸生被坑，也是因为秦始皇对他们不服从

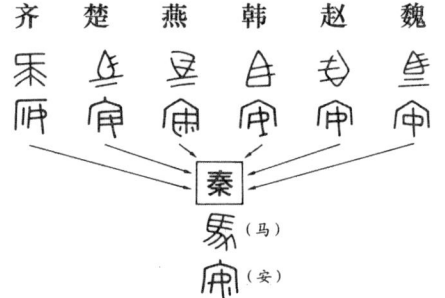

统一文字

战国时期，各国使用的文字不同。秦统一后，秦始皇下令将秦国过去使用的文字简化整理，称为"小篆"，普遍推行，在公文法令中通用，做到"书同文"。后又将比小篆书写更简便的字体隶书推行全国

新法的担心，比方说，秦始皇统一文字，以小篆和隶书取代六国文字，一些儒家古文典籍因失去现实意义而被焚烧，儒生自然会有不满，依儒家以古非今的传统，难免会对秦政有所褒贬。在野思想的活跃，也许是治罪范围扩大化的根本原因，不仅方士们遭了殃，以古非今的儒生也被牵连进来。

"坑儒事件"意在思想统一

"坑儒事件"在本质上和焚书目的一致，试图打击的是：

其一，诽谤上者。

其二，妖言以乱黔首者。

不论被坑者是儒生、方士，或者都坑了，从被坑罪名"为妖言以乱黔首"，可以看出目的不在打击学术。

秦始皇坑儒重在惩治以古非今，打击政治治理思想上的反对势力。另一个重要证据是，秦始皇并没有对同样寻仙问药的徐福采取行动。

事实上，徐福耗费的资源更多，也是好几年一无所获，坑儒事件过去两年后，在秦始皇第 5 次出巡到达琅邪时，徐福还能当面对秦始皇诈称："蓬莱的仙药是可以求到的，但是苦于在航程中被大鱼袭击，所以到不了那里去。希望派遣弓箭手一同去，见到大鲛鱼就用连弩射击，这样就能顺利到蓬莱取仙药了。"刚好秦始皇梦见自己与海神搏斗，询问占梦博士，得到的答复是除掉大鱼则善神可致。于是，秦始皇下令准备捕大鱼的渔具，还亲自带着连弩等候大鱼的出现。从琅邪北上，经荣成山，到芝罘，终于射杀一条大鱼。取得秦始皇信任的徐福，这次骗取了武装力量，带着 3000 童男童女和"五谷""百工"，彻底消失在秦始皇的视野之外。徐福一行的目的地，至今是一个谜。

卢生逃跑，徐福入海，诈骗案的主角一直逍遥法外，而诸生数百人却被坑杀。可见，秦始皇志在思想统一，而非惩治诈骗犯。

扶苏的失宠

在坑儒事件中，另一个看似不相干的人物公子扶苏也付出了惨重的代价。

秦始皇有 20 多个儿子，扶苏是长子。扶苏受儒家思想的影响是显而易见的，司马迁《史记·秦始皇本纪》说"扶苏为人仁"，说明他在生活中践履的恰是儒家核心精神。

对于坑儒一事，秦始皇的长子扶苏有不同意见，他向父皇进谏道："天下刚刚安定，远方的百姓还没有归附。儒生们都诵习和效法孔子，现在陛下以严刑重法来处置他们，恐怕会引起天下不安。请陛下明察。"秦始皇对扶苏的劝谏很生气，派他去北边的上郡监督蒙恬。

敢于屡屡直谏，恰恰就是儒者本色。

秦始皇对扶苏生气，将他发配边陲，恐怕在于他为儒生说话。秦始皇是力主法治的，而扶苏则生性仁厚，儿子政见的不同，让秦始皇无法接受。秦始皇生前最大的失误之一，就是没有及时立储，从而导致了沙丘之变乃至秦朝二世而亡的悲剧。秦始皇为什么不早点定下接班人？一则秦始皇喜欢专权独断，未及时考虑接班人事宜；二则扶苏和嬴政的政见不同，使得秦始皇有所犹豫；三则追求长生不老的秦始皇没想到自己只活了五十来岁，过早地离开了人世。要知道，长子是最合理合法的太子人选，是立储的首选，而扶苏可能会改变自己的为政之道，这是秦始皇最为苦恼的。

儒家失落的机会

当然，让扶苏去边地督军，秦始皇的深意，一则可以让扶苏和最有势力的将军建立感情，二则让其在军队历练反思，取得军功和从政的经验，再则通过惩罚长子，显示自己坚持法治统一国人意志的决心。只是秦始皇经此事而拖延了立储大事，埋下了不可救药的隐患。

作为坑儒事件的连带结果，长子扶苏被发配边陲，这个同情儒家的合法皇位继承人被秦始皇疏远，最终沙丘之乱导致二世继立，扶苏之死，使儒家彻底失去了成为秦朝意识形态主流的可能。

当然，焚书坑儒事件后，儒家并未彻底沉沦，在齐鲁大地，依旧弦歌之音不绝。孔子九世孙孔鲋还参与了陈胜的反抗军，"陈涉之王也，而鲁诸儒持孔氏之礼器往归陈王。于是孔甲为陈涉博士，卒与涉俱死"。孔鲋和鲁地的儒生们带着孔家的祭祀礼器归顺陈胜，孔鲋还被陈胜封为博士，最后死在抗秦的战场上。

五 第三次打击：儒生错失的用武之地

焚书、坑儒，儒家遭遇的两大劫难，可谓妇孺皆知。而不常被人们提及的，还有第三次打击，那就是儒生们在秦始皇面前失去了一次大显身手的良机。而这次机遇，是儒生自己丢掉的，这一次，需要儒生自行反思。

在秦朝，儒生究竟有怎样的表现机会？他们自身有着怎样的软肋，才错失了本该拥有的用武之地？

1. 秦朝的博士官

今天的博士，是最高的学位。秦朝的博士，为朝廷职官之一。秦博士70人，队伍并不小。博士中不乏儒者，可见儒家也有从政机会。

博士官

博士官名战国时已出现，如《战国策·赵策》记载，郑同北见赵王，赵王称他为"南方之博士也"。《史记·循吏列传》说，公仪休为鲁博士，《史记·龟策列传》说卫平为宋博士。又《汉书·贾山传》说贾山的祖父贾祛，是先前魏王时的博士弟子。董说《七国考》引《五经异义》："战国时，齐置博士之官。"刘向《说苑·尊贤》载，齐王就诸侯举兵伐齐一事招来群臣商量对策，"博士淳于髡仰天大笑而不应"。

秦朝也设有博士官。"博士，秦官，掌通古今，秩比六百石，员多至数十人。"博士官的职务是"掌通古今"，主要工作是给皇帝做顾问，随时提供咨询服务，并有机会在朝廷发表意见。博士官的待遇是年薪六百石粮食，相当于今天36000多斤粮食。博士官中不乏儒生，伏生、叔孙通就是连接秦汉的儒学博士。

秦朝的博士到底有多少人呢？《史记·秦始皇本纪》载："始皇置酒咸阳宫，博士七十人前为寿。"《史记·封禅书》说，秦始皇前往泰山封禅时，就有齐鲁儒生博士70人跟着到了泰山下。方士侯生和卢生在求仙问药谎言即将被刺破时，一起商量对策时如此指责秦始皇："博士虽七十人，特备员弗用。"

从以上记载可大致推断，秦朝时的博士员额可能为70人。

秦始皇与秦博士

卢生和侯生攻击秦始皇只拿博士装门面，恐怕为过激言论。相反，种种历史事实证明，儒家在秦朝并不是没有机会，即便在焚书坑儒后，博士也为朝廷所用。

《史记》中明确记载博士活动的共有7处：始皇二十六年（公元前221年）议帝号，二十八年议封禅、对湘君何神，三十四年议分封，三十六年作仙诗，三十七年占梦，秦二世元年（公元前209年）议讨陈涉。

从司马迁记载的情况来看，凡遇困难和疑问，秦始皇都愿意求助于博士。譬如，秦始皇出巡至湘山祠，遇到大风，难以成行，于是有了如下对答：

秦始皇问博士曰："湘君是何方神圣？"

博士回答道："在下听说，湘君是帝尧的女儿，嫁给帝舜为妻，后来葬在此地。"

此处，在秦始皇眼里，博士是博古通今的历史学家。

在秦王政三十六年，有人在一颗陨石上刻上"始皇帝死而地分"的文字，尽管秦始皇把周围的居民都杀了，把陨石焚烧了，但他照旧

秦代峄山刻石（部分）
峄山刻石又称元摹峄山秦篆碑，原立于邹县县衙大堂，现存邹城市博物馆。秦始皇东行郡县，上峄山，与鲁诸儒生议刻石、颂秦德、议封禅、望祭山川之事，遂有此碑

闷闷不乐，于是下令博士写仙真人诗，在巡游天下的时候，又让乐师谱曲作乐，弦歌解闷。此时，在秦始皇眼里，博士又是文学家和艺术家。

在秦始皇再次巡游到琅邪时，梦见自己与海神交战，他醒来后找人解梦，咨询的专家是占梦博士。在秦始皇眼里，博士又成了星象家和解梦专家。

秦博士一览

王国维考证，博士中有名有姓可考的，博士仆射有周青臣，博士有淳于越、伏生、叔孙通、羊子、黄疵、正先、鲍白令之，加起来有8人；散见诸书者有李克、桂贞、卢敖、圈公、沈遂5人。这些人并非都是儒家经术之士。比如黄公的著作，《七略》列于法家；又比如秦始皇"使博士为仙真人诗"，还有占梦博士，说明秦始皇时期诸子、诗赋、术数方伎也许都立了博士，并非只在六艺范围内设博士。

秦有博士70余人，其中多为儒生，马非百《秦集史》认为今尚知名者凡17人，如李克及其学生伏胜、淳于越、鲍白令之、桂贞、茅焦、叔孙通等人。

秦始皇焚书令中说，"非博士官所职"的《诗》、《书》、百家语才是焚烧对象，说明掌通古今的博士官手中的六经典籍在焚书时可以网开一面。

从叔孙通的经历中还可推断，秦朝的博士可以授徒，儒家学说的传承并未禁止。叔孙通在秦始皇时以文学征召，为待诏博士。秦二世拜叔孙通为博士。后来，叔孙通投靠刘邦，随从的弟子上百人，可见叔孙通的弟子还真不少。

为此，不少学者持"秦未废儒"的观点，这是尊重历史的表现。明代学者焦竑认为，秦时未尝不用儒生与经学，何况叔孙通降汉时，自有弟子百余人，说明齐鲁之风，也未尝衰微。

2. 秦始皇与廷议中的儒生

秦始皇多次将博士们视为顾问团、智囊团和专家团，博士作为正式官职，主要以其知识和智慧所长，为皇帝提供咨询服务。

博士议"帝号"

人们常说秦始皇喜欢独断专行，事实上，秦始皇有着秦始皇式的民主：他喜欢用廷议的方式，当面征询大臣的意见，也喜欢咨询博士。正因秦始皇的廷议制，使得儒生博士有了参与朝政讨论国是的机会。

秦初并天下，嬴政作为顺天而王的新君，奉天承运接受天命，依循中国政治传统，第一件要做的事情就是"新王改制"。嬴政向满朝文武提出，要给自己确定一个合适的"帝号"。

丞相王绾、御史大夫冯劫、廷尉李斯等人奉承嬴政平定天下，开创了亘古未有之事业，功盖三皇，德超五帝。这些大臣和博士开了策划会，他们发现，在帝王的称谓中，古有天皇，有地皇，有泰皇，泰皇最贵。于是，他们提出了为嬴政这个"新王"正名的方案：王为"泰皇"，命为"制"，令为"诏"，天子自称曰"朕"。

嬴政别的都认可了，只是没有认可"泰皇"一说，他说，"泰"字不要，"皇"字保留，再把上古的"帝"号加上，合起来就叫"皇帝"。

博士参与给嬴政上尊号的讨论，就与会者的规格而言，有丞相王绾、御史大夫冯劫、廷尉李斯，可以说都是威名赫赫的在朝当权派，博士有机会出席如此重要的会议，可见秦始皇对他们的意见还是相当重视的。

博士咨政

焚书事件的分封与郡县制之争，也是廷议引发的。

丞相王绾是分封派的代表，支持人数占绝对优势，主张在被灭的六国土地上分封始皇子弟为王。廷尉李斯是郡县派的代表，他坚决反对分封，力主实行彻底的郡县制。结果，少数派获胜：秦始皇力挺李斯，确定不再分封诸侯。

8年之后，分封之争再度浮出水面，而且是在秦始皇的寿宴上。博士仆射周青臣大赞郡县制，而齐博士淳于越却再次肯定商周时期的分封制，并指责周青臣奉承皇上绝非忠臣。面对淳于越的再次发难，秦始皇依旧宣布"下其议"，通过廷议的方式论辩是非曲直。

淳于越作为儒者博士，他当众直言、敢于说不的勇气，实际上离不了秦始皇廷议制度对博士的包容。

3. 云梦秦简中的儒家思想

秦始皇亲近法吏，儒家者流没能占据统治者的主流体系，而在云梦秦简中，秦始皇时期的文献《为吏之道》中，对官吏的种种训导，恰恰充斥了儒家式的劝诫。

比如，《为吏之道》要求："临材（财）见利，不取句（苟）富；临难见死，不取句（苟）免。"意思是官吏们不能为求财而不义，不能为求生而苟且。而儒家经典《礼记·曲礼上》中则有类似的话："临财毋苟得，临难毋苟免。"

再来看看《为吏之道》提倡的做官标准中，包括以下五善：忠信敬上、清廉毋谤、举事审当、喜为善行、恭敬多让。品性符合这五大条件的，就能得到大赏。这意味着《为吏之道》以儒家道德规范和行为标准要求官吏。

又如："君鬼臣忠，父慈子孝，政之本也；志彻官治，上明下圣，治之纪也。"忠、信、敬、让、善、慈、孝、圣，这些显然是儒家的核心语汇，而如今成了法家官吏的范本，可见，除了要求官吏学好法律之外，用儒家思想来对官吏进行道德教化，是实际政治的需要，并在实际政治中践行。

4. 巴寡妇清故事中的儒家教化思想

巴寡妇清，可谓中国史籍所载的早期女富豪之一，为秦时南方巴郡有名的大工商业主。巴寡妇清一家，因擅丹穴之利数世，积聚了数不清的资财。《长寿县志》说，到她掌管经营家业后，巴清家族的仆人上千，徒附和私人保镖上万。巴寡妇清"捐资长城，以赞军兴"的记录，又把她和修长城联系在一起。对修筑万里长城提供赞助，加上有学者推测秦始皇陵所用的水银，可能就是巴寡妇清的丹砂炼出来的，这一切都是得到秦始皇垂青的因素。

司马迁《史记·货殖列传》说巴寡妇清"用财自卫，不见侵犯""礼抗万乘，名显天下"，秦始皇对这位富甲一方却不再嫁的寡妇十分看重，尊其为"贞妇"。《华阳国志·巴志》说，巴寡妇清死后葬于长寿县千佛场龙山寨，秦始皇下令在其葬地筑"女怀清台"，以资表彰。此事亦可视为秦始皇将巴寡妇清看作贞妇模范，提倡儒家教化的例证。因巴寡妇清的贞洁，秦始皇"为筑女怀清台"，相当于给她立下了"贞洁坊"，此举可证儒家"明教化""正风俗"思想对秦始皇的影响。

小知识◎鲍白令之

西汉刘向所著《说苑·至公》记载，起初秦始皇曾经有过要用禅让制传位的念头，和鲍白令之展开了一场君臣对话。

当时，秦始皇问询群臣："古代五帝将王位禅让给贤者，三王则世代相传，你们认为哪一种更好？"在场的博士都不吭声，只有鲍白令之回答说："如果以天下为公，就会禅位给贤能者；如果以天下为私，则会在家族内传位。可见，五帝以天下为公，三王以天下为家。"秦始皇问："我的德行可比五帝，我将让天下人共管社稷，可谁能接我的班呢？"鲍白令之坦言："陛下行的是夏桀、商纣之道，却想学五帝让位于贤者，恐怕没资格吧。"秦始皇闻言大怒："你凭什么说我行桀、纣之道？如果你不解释清楚，就得去死！"鲍白令之不紧不慢地说："陛下你大兴土木，所筑之台上干云霄，所建宫殿绵延五里。后宫女人数百，倡优数千。在骊山兴建陵墓，所建宫室从咸阳到雍城连绵不绝。为了自己的享受，耗尽天下民力。你还偏颇自私，不能推己及人。你还说自己的功德压过一切君主。以你这样的德性怎么能和五帝比，你又怎么有资格管天下呢？"一席话说得始皇面有惭色，过了很久才说："令之所言，是让众人以我为丑啊。"于是罢谋，从此再也不提禅让之事了。

鲍白令之敢于坦然面对秦始皇，直言相谏，表现了儒者的勇气和风骨。

5. 始皇东巡封禅：儒生错失良机

始皇东巡　儒生的机遇

秦始皇一统天下后，在当上皇帝的第二年便开始出巡，从40岁到50岁的10年里先后5次巡游，直到死在出巡途中。

公元前220年，秦始皇从咸阳西行，巡游第一站，他来到秦国的发祥地祭告先祖。祭祀完祖宗之后，便轮到祭祀天地了。秦始皇在登基的第三年，马不停蹄地展开第二次巡游，跑到泰山上行封禅礼。所谓封，就是祭天；所谓禅，就是祭地。

帝王封禅，相传三皇五帝时就已有之。古人相信王权受命于天，王权更迭，就是天命转移，所以，异姓而王，新王就要行封禅之礼，名义上是向天地报太平，实际上则是为了向普天之下的芸芸众生昭告自己君临天下的合法性。

秦始皇去泰山封禅，就是要宣告自己已然是奉天承运、一统天下的真命天子。

始皇封禅　博士随行

秦始皇带着满朝文武浩浩荡荡地向泰山进发,随从中有丞相隗林、丞相王绾、卿李斯等要员,王侯将相悉数到场,蔚为盛况,可见封禅一事在秦始皇心中有着相当的分量。

儒家典籍《礼记·王制》说过:"天子祭天下之名山大川。"如何祭祀天地,儒家自然最权威。秦始皇封禅,对儒家来说,可以说是一次难得的机会。事实上,秦始皇也确实在这件事上有过依赖儒生的想法,他的顾问团就是七十儒生博士。要知道,在当时,能参与封禅大典就已足够风光了,司马迁在《史记·太史公自序》中就回忆说,自己的父亲司马谈因为无法参加汉武帝的封禅大典,拉着司马迁的手嚎啕大哭,连呼"命啊!命啊!"竟然忧愤而死。

七十儒生博士不仅被秦始皇挑为随从,秦始皇还将他们视为专家智囊,和他们讨论两件大事:一是在泰山上刻石纪功,二是封禅望祭山川。可见秦始皇对儒生博士的器重,儒生博士们能抓住这次机会,一展儒家的身手吗?

儒生迂腐　错失良机

秦始皇的巡游队伍先是来到了孔子的故乡邹县,在峄山上留下刻石,歌颂秦朝统一河山的赫赫功业。随后,队伍向泰山开拔。驻跸泰山脚下的秦始皇把设计封禅仪式的任务交给了儒生,七十儒生博士开始讨论封禅大典的细枝末节。

问题来了。秦始皇的先祖秦穆公曾经想封禅,结果被管仲制止了。孔子讥讽过季氏祭祀泰山,认为是僭越之举,而孔子自己对于封禅的礼仪，也说不出个所以然来。到了秦始皇时代，孔门传人对失传了数百年的封禅礼仪自然更是心里没谱。

没谱归没谱，封禅得进行。儒生们在策划会上公说公有理，婆说婆有理，吵得一塌糊涂。有儒生建议说，古时候封禅天子坐的车要用蒲草裹住车轮，以免伤及山上的草木；扫地而祭时，铺在地上的席子要用菹秸做的，诸如此类。总之，儒生们各执己见，莫衷一是。看到迂腐的儒生们吵成一团，秦始皇很是不耐烦。试想想也是，七十个儒生在眼前争个不休，谁也说服不了谁，加上礼仪的繁文缛节实在缺乏可操作性，秦始皇一时对他们失去了信心。

儒生缘何在封禅中被抛弃

秦始皇把儒生们甩在一边，自作主张开辟车道，从南面上了泰山，刻石祭天，再从北面下山，在梁父祭地，算是完成了封禅仪式。由于仪式除了借鉴祭祀上帝之类的礼节之外，大多是自创的，秦始皇也就留了一手，对仪式细节秘而不宣，以免遭人置喙。正因为秦始皇的保密，他当时在山上山下到底如何祭拜天地，个中细节至今成谜。

秦始皇泰山封禅，主要是受儒家思想的影响，天子"受命而王"，需要在泰山封土筑圆坛祭天，在梁父筑方坛祭地。就秦始皇而言，封禅之举意在宣告大一统政权的合法性，有利于统一的稳固。而儒生们注重的是如何将本已失传的古礼在封禅中得以拼凑和重生，主张"法先王"的儒生拘泥于不切实际的古礼，自然难免在"法后王"的秦始皇面前碰壁。对秦始皇而言，完成封禅比如何完成封禅远为重要，封禅对秦始皇而言更多的是向天地和黎民做出自信和豪迈的表达而已。

因迂腐守旧而为秦始皇所绌，在难得的机会面前，儒生们被秦始皇抛弃了，这无疑是又一次值得儒家自我反思的打击。

小知识◎秦刻石与儒家思想

秦始皇在5次出巡中，多次刻石昭告天下。刻石文字说得通俗点，就是安民告示，或者说类似今天的报纸社论，旨在向沿途民众宣传大一统观念，争取民心，稳定民心。

秦刻石的内容，《史记·秦始皇本纪》中有详细记载。首先，刻石中屡屡不惜歌功颂德的词汇，褒扬秦始皇统一江山"功盖五帝，泽及牛马"，有着前无古人的丰功伟绩。其次，刻石作者紧紧抓住广大民众饱尝战争之苦后渴望和平的心理，大打和平牌、安宁牌，称颂"今皇帝并一海内，以为郡县，天下和平"。此外，秦以法家思想治国，用秦的标准统一度量衡、文字等举措，给六国人带来诸多不便。为此，几乎在每个刻石中，都在肯定秦始皇推行法治，称赞他"普施明法，经纬天下，永为仪则"。

值得注意的是，刻石文字中并不排斥儒家思想。刻石积极肯定了秦始皇统一带来的"行同伦"的社会风气，在泰山刻石中，就描述了当地井然有序、融和清净的道德景观："贵贱分明，男女礼顺。"秦始皇南巡到会稽的一个重要目的，就是要移风易俗。据说，当年越王为了繁衍人口增强实力，对国民的淫逸之举睁一只眼闭一只眼，导致当地淫乱之风一直绵延不绝。在会稽刻石中，记载秦政府当时规定，留有丈夫遗孤的女子如果嫁人，便是不贞之妇。而男人如果与别人的妻子通奸，杀死他的人无罪。如果丈夫行为端正，妻子却逃婚另嫁，儿子可以不认这个母亲。秦始皇以法匡正风俗，正是为了实现儒家所倡导的人伦关系。

秦刻石的字体为李斯小篆，《史记·秦始皇本纪》明确说泰山刻石，秦始皇"与鲁诸儒生议"，可见，儒生是参与了起草工作的，刻石中的儒家思想，一则是儒生参与的结果，二则是秦始皇并不排斥儒家的结果。

秦始皇所立泰山石碑，据说高三丈一尺，宽三尺，原本三面刻有文字，后来秦二世胡亥也效法乃父，东巡郡县，在秦始皇刻石的背面，刻下随从大臣的名字，以及胡亥诏书。今天的泰山秦石刻，只剩下"臣去疾臣请矣臣斯昧死"10个字了，且是二世诏书内容，保留在山下岱庙的一个碑龛中。至于秦始皇泰山刻石文字，早已湮没于2000年风雨中了。

六 秦二世与儒学

秦始皇殒命出巡途中，沙丘之变，赵高如何实现废长立幼的阴谋？

接到假诏，公子扶苏和守边大将蒙恬又做出了怎样不同的反应？

司马迁说秦二世"用法益刻深"，说明胡亥任用法家比秦始皇有过之而无不及。那么，胡亥身上究竟有没有儒家思想的细胞？秦儒在二世的朝堂中，究竟有没有施展才华的机会？

1. 沙丘之变

赵高的阴谋

公元前210年,50岁的嬴政第5次出现在巡游天下的旅途中,奔波劳顿中,始皇病倒了。病入膏肓的秦始皇让掌管皇帝符玺的中车府令赵高执笔,给扶苏赐书一封,写了12个字:"以兵属蒙恬,与丧会咸阳而葬。"让扶苏回咸阳来主持自己的葬礼,秦始皇的意思很明白:扶苏就是继承大统的接班人。但这封信并没有发出,被赵高扣押了。

秦始皇在今河北境内的沙丘平台逝世了,李斯担心天下有变,决定秘不发丧,将秦始皇的遗体放置在辒凉车中,百官照常前来秉奏。天气炎热,秦始皇的遗体很快就腐臭了,为了掩人耳目,就装着一车鲍鱼随行,没有人怀疑是因为死了人而发臭了。

赵高先是煽动胡亥做皇帝,再向李斯摊牌,抓住李斯贪恋富贵权位的软肋:扶苏当皇上,自然要用蒙恬做丞相,你李斯自然要告老还乡,可我在秦宫干了20多年,亲见被罢免的丞相和功臣,大都不得好死。一番威逼利诱,李斯尽管有过内心的挣扎,并有"仰天而叹,垂泪太息"

的举动，但他最终没能跳出自己一贯坚持的"老鼠"哲学，屈从了赵高的阴谋。

扶苏屈死

赵高矫诏立胡亥为太子的同时，写了一封信给长子扶苏，责以莫须有的不孝之罪，赐剑自裁，同时以人臣不忠之罪赐将军蒙恬一死，兵权则移交副将王离。

扶苏见到朝廷使者后的第一反应，是见到信就哭着进了内室准备自杀，倒是蒙恬要老练得多，劝扶苏说："陛下巡游在外，还没有立太子，派微臣我率军 30 万镇守边疆，公子为监军，这是天下重任。而今一个小小使者到来，你就要自杀，你怎么知道这其中是不是有诈啊？不如向皇上请核清楚了再说，弄清楚了再死也不迟啊！"但使者一再逼促，生性仁厚的扶苏只好在"父要子亡子不得不亡"的孝道原则下，自杀了结。蒙恬则不肯死，被系狱待罪。值得一提的是，扶苏不抗争而就死，是遵从儒家原则的。

胡亥当上了二世皇帝，这个靠阴谋上台的非法皇帝，随即杀旧臣、贵戚、功臣，展开了一场清除异己的血洗行动。血洗的对象首先是大臣，蒙恬、蒙毅是也；其次是骨肉，12 个公子和 10 个公主死于他们的亲兄弟胡亥之手，而且身首异处，死状惨烈。

人们也许会问：假如没有沙丘之变，假如扶苏成为秦二世，他会将儒家奉为正统吗？

也许，历史无法改写；也许，个人的命运并不能决定思想的走向。但扶苏的屈死，至少使儒家在秦朝的大行其道失去了一种可能。

2. 胡亥与儒法思想

儒家思想在胡亥身上投射了怎样的影响?

胡亥又怎样一步步滑入严刑峻法的深渊?

一任法术,秦二世如何断送了自己的性命,乃至秦帝国灰飞烟灭?

胡亥的思想渊源

我们回到赵高劝诱胡亥矫诏夺位时的场景。当赵高把自己的阴谋计划向胡亥说出来以后,胡亥一开始也是很吃惊的。

我们且看胡亥当时的回答:废兄而立弟,是不义之举;不奉父诏而怕遭打击而死,是不孝之人;才干不强却夺人之功,是不能之行。这三种情况都属于"逆德",会导致天下不服、自身危殆、社稷倾覆的恶果。

细心的读者不难发现,胡亥一开始拒绝赵高的理由,竟然大都来自儒家。不义、不孝、逆德,典型的儒家语汇。而胡亥自知缺少才干,没有能力,认为自己不配当皇帝,这一方面是秦始皇坚持法家以能取人的做法已经深入到了胡亥的潜意识中,另一方面,儒家也同样主张任用贤能的。

胡亥搬出的理由,也说明即便法家取得了统治地位,但事实上儒家思想依然在实际生活中影响着人们的价值取向,连秦始皇的儿子也不能例外。

赵高只好也搬出儒家来说服胡亥,从汤武革命到卫君杀父,都被儒家认可(韩非子可是明确反对汤武革命的),来蛊惑胡亥听从自己,胡亥不得已默许了。

可见,胡亥的骨子里,有法家思想,也受儒家影响。只是,在现实中,胡亥更多走的是法家路线。

无道昏君

胡亥的老师就是赵高,赵高原本是个宦官,因为熟悉法律、才干出众而被秦始皇赏识,秦始皇不仅让曾经犯过死罪的赵高恢复自由,还让他当上自己儿子的法律课老师。

继承大统之后,胡亥在赵高的指使下,清洗老臣势力,连自己的兄弟姐妹也不放过,为了保住自己非法夺得的皇位而大开杀戒。

胡亥还继承了秦始皇做工程皇帝的喜好,继续修筑阿房宫。阿房宫在秦始皇时期并未完工,因为秦始皇暴毙,修宫殿的刑徒被转往骊山修墓。墓修好后,再回来修阿房宫。阿房宫直到被项羽一把火烧掉时,一直是个半拉子工程,百姓为它承受的负担自然很沉重。胡亥甚至要求各郡县往咸阳运输粮食的百姓自备口粮。

胡亥还热衷于过荒淫无道的生活,赵高则投其所好,竟然宣称皇上恣睢行乐是贤主的行为。如此,老百姓自然更加倒霉,赋敛更重,发配戍边，征发徭役，负担不断。

法家思想的强化

秦二世是法家弟子，用严刑酷法来统治百姓，比秦始皇有过之而无不及。结果陈胜、吴广揭竿而起，各地纷纷响应，这个时候，李斯多次进谏，均不被二世接纳。

李斯的儿子李由是三川的郡守，打击吴广的起义军不利，在章邯赶走吴广的军队后，朝廷的使者屡次前来调查，有人提出疑问：你李斯贵为三公，为何禁盗不力？李斯很害怕秦二世抓住他的把柄兴师问罪，便曲意迎合胡亥，助纣为虐提出所谓的"行督责之术"，来博取胡亥的欢心。

所谓"行督责之术"，实际上是进一步加强法家治理的严酷程度，其目的是"主独制于天下而无所制也"，使秦二世成为号令天下无人敢对他说不的独裁者。行督责的具体方法，就是薄罪重罚，让秦二世能"独擅天下之利"，并打击朝廷中的当权派，从而建立"明君独断"的权威，使"权不在臣"，最后皇帝就能肆意妄为。

结果，抽取百姓税赋最重的酷吏被视为好官，杀人最多的人反而被看作忠臣，于是，路上刑徒相伴而行，被处决的死人积于市肆，而二世却说："这样才算是能行督责了啊！"

一句话：秦二世时代，"用法益刻深"，严刑峻法之下，老百姓在路上不敢相互打招呼，"道路以目"，只能眼神交流。最标志性的景象就是"赭衣当道"，穿着囚服的人在这个国家随处可见。

危机四起

大泽乡起义，陈胜建立了张楚政权，各地起义领袖纷纷自立为侯王，有使者赶到咸阳，将叛乱的消息报告秦二世，没想到胡亥竟然将他下狱治罪。这样一来，地方上的使者到了咸阳，就敷衍说犯上作乱的土匪不足为虞。

直到陈胜的数十万大军兵临城下，秦二世才如梦初醒。章邯建议把骊山修陵的刑徒赦免了，让他们去从军平乱。胡亥任命章邯为将，章邯率领他的刑徒大军开拔拒敌，竟然击退了陈胜派来的周章军队，还把周章杀了。

尽管危机扭转，但胡亥延误了时机，这个二十出头的新皇帝很快暴露了自己在紧急问题处理上的低能，赵高于是搬出了法家的"自神术"来为二世支招：陛下正值年少，又刚刚即位，怎么可以当众与公卿在朝堂上决议国家大事？您的决定如果稍有闪失，就会在群臣面前暴露自己的短处。于是二世经常藏在深宫，遇到大事只和赵高俩人定夺，公卿大臣则难得一见胡亥之面了。

危机之际，右丞相冯去疾、左丞相李斯和将军冯劫联合进谏，他们向皇上建言国家动乱的原因，恐怕在于屯兵戍边、漕运、土木工程等各种劳役太多太苦和赋税太重的缘故，应该停止阿房宫的工程，让戍守边疆的人回归故里。但二世反把责任推到诸位大臣的身上，将三人关进囚房治罪。冯去疾和冯劫义不受辱，自杀而亡。

赵高构陷　李斯腰斩

李斯作为主持政局的丞相，难免对二世的荒淫有抱怨之声，他的抱怨很快被赵高利用了。赵高怂恿李斯去进谏，还刻意选择二世和美女们寻欢作乐的时候去，弄得二世勃然大怒："我没事的时候你不来，我正玩得开心时你就来奏事！"

赵高乘机在二世面前说李斯的坏话，一是诬蔑李斯参与沙丘之变后想捞好处，有"裂地而王"的想法；二是诬蔑李斯长子李由身为三川郡守，在陈胜军经过时不仅不肯出城迎击，还与对方有"文书相往来"，赵高暗示李斯父子通敌叛乱。赵高还向胡亥散布李斯威胁论，认为李斯在朝廷上"权重于陛下"，这是二世最不愿意看到的。胡亥派人去调查李由是否和盗寇暗中勾结。赵高以他锻炼成狱的本事，用父子串通叛军谋反的罪名，对李斯以棍棒伺候，李斯屈打成招。

李斯抱着最后的希望上书自陈，期待二世幡然悔悟赦自己一死。李斯的上书自虐式地宣告自己犯有"七宗罪"，实际上是为了提醒皇上，自己一生对国家有7大贡献。可惜李斯盼望的侥幸没有成为现实，因为赵高根本就没让二世看到他写的信，而是把它扔进了垃圾堆。

在行刑的路上，李斯对自己的儿子感慨："我如今只想和你在老家上蔡的东门追野兔，可惜已经不可能了啊！"李斯的结局是，具五刑，被腰斩于咸阳闹市。

秦二世与博士

即便是被视为昏君的秦二世，史料中也载有他召博士策问的事情。陈胜起义时，秦二世召集博士诸儒生研判局势，当时有博士诸儒生30余人参与，他们的意见是，这是一起谋反事件，应该即刻发兵平叛。昏庸的二世听不得坏消息，结果很生气，脸色很难看。

尽管这条记载中博士们没讨得二世的欢心，但至少博士议政的制度是延续到胡亥时代的。

二世而亡

随着各诸侯国纷纷恢复，秦帝国大势已去，赵高决定投降，便和女婿咸阳令阎乐、弟弟赵成阴谋策划废掉二世，另立胡亥的侄儿子婴为帝。阎乐诈称有乱贼，与郎中令勾结，发兵攻入二世居住的望夷宫，乱箭直射向二世的帷幄。二世大怒，命令左右的人拿下叛贼，可左右均缩手缩脚不敢迎击，只有一个宦官陪着二世不敢离开。二世进入内室后问他：你为什么不早告诉我？那个最后时刻忠于他的宦官说：我不敢说真话才活到现在，假如早说了真话，还能活到今天吗？早就被杀了啊。

阎乐上前痛骂二世道：你骄恣无道，落得众叛亲离，你自己看着办吧。二世这下软了：可以见丞相吗？阎乐拒绝了他。二世又说：我愿意做一个郡王。阎乐照样不许。二世又说：我愿意做万户侯。阎乐还是不许。二世再央求：我愿意和老婆孩子做黔首。阎乐这才给出答案：我是奉丞相之命来取你人头的，你说多了也没用。二世在遭受一番自作自受的屈辱后只好自杀了事。

子婴系颈而降

子婴知道赵高立自己为王是缓兵之计，聪明的子婴与赵高斗法，将老谋深算的赵高刺杀了，赵高最终被灭三族。子婴只当了46天秦王，刘邦大破秦军，屯军霸上，派使者请子婴投降。子婴系颈以降，赶着白马素车，捧着和氏璧雕琢的天子御玺，迎接着刘邦的招降。此情此景，着实苍凉，秦始皇建立的大一统帝国就在这样的悲凉中结束了。

随后发生的事情，依旧不忍卒睹，项羽作为各路诸侯的首领，率领他的军队杀害了子婴，更屠杀了秦始皇留下的宗族血脉。熊熊大火在咸阳燃烧着，象征着秦帝国丰功伟绩的巍峨宫殿被烈焰吞噬了。

小知识◎叔孙通

叔孙通，"秦时以文学征，待诏博士"。陈胜、吴广揭竿起义后，宫廷里的博士诸儒生心急火燎地向秦二世报告陈胜起事的消息，说是陈胜正在造反，应该马上派兵剿灭！从皇上的脸上，叔孙通似乎瞥见了大大的不快，连忙大谈皇上如何圣明，国家形势如何安宁，陈胜之徒只是鸡鸣狗盗而已，何足挂齿！结果，那些还在傻乎乎争论陈涉的性质到底是"反"还是"盗"的儒生们，不是被抓就是被免职。独独叔孙通获赐布20匹，衣一袭，待诏博士还转为正式的博士。叔孙通解释自己出语阿谀只是为了虎口脱险，随后便逃出京城，投靠了项梁。善于见风使舵、精通权变的叔孙通，又先后投靠楚怀王、项羽，最终投降刘邦。刘邦当上皇帝后，叔孙通征召鲁国的儒生，制定了朝廷礼仪。

七 秦代经学

儒家以经传学,经学的传承,是儒家思想延绵不绝的重要手段。那么,在秦代,上自朝廷,下及民间,经学传承情况究竟如何?焚书前后,六经遭遇了怎样的变故?

儒家思想在秦朝未能成为国家意识形态之正统,儒学需要做怎样的自我反思?

1. 秦朝尊儒之说

"焚书坑儒"四字，使得世人对于秦始皇与儒学的关系多有误会。事实上，秦始皇尊重儒学的证据俯拾即是。

如，秦皇"悉召文学方术士甚众"，"文学"即为熟谙儒家《诗》《书》等典籍的学者。七十博士之设，淳于越恢复封建之论，儒者在议帝号、设郡县、行封禅等诸多重大事情上都有议政和参与机会。460余人被坑之后，秦二世还召博士诸儒生问计，可见焚书坑儒不改儒生的政治命运，博士儒生照样在朝廷参与顾问。齐鲁之地弦歌不绝，说明儒学在民间也有生存空间。

再如，在秦始皇已经下令焚书3年以后，曾为"书狱典文学"的蒙恬，在临死前还引用《尚书》中的周公故事来说明自己的忠心。对于儒家礼制，《史记·礼书》说："至秦有天下，悉纳六国礼仪。"秦始皇封禅勒石，恰恰依靠儒家的本行，宣示礼乐新纪元的开端。秦二世令群臣讨论立始皇庙，群臣所对颇合《穀梁》《王制》大义。

就儒学影响范围看，《庄子·天下》说《诗》《书》《礼》《乐》邹鲁之士缙绅先生多能明之，可见儒学流传于今山东半岛一带。而随着秦一统天下，客观上使得长于治世的儒学有了抬头进而大行其道的命运。

秦始皇尊儒的一个重要证据，还在于六经在秦时的流传不绝。

2. 六经之传：焚书前

儒家六经，即《诗》《书》《礼》《乐》《易》《春秋》。《庄子》中最早提到六经，但六经并举的《天运》《天下》篇，属于外、杂篇，难以确定战国时即具六经之说。秦始皇采五德终始之说，"数以六为纪"，六经系统可能在秦朝开始确立名称，故而汉时多称"六经""六艺"。

《诗》之传承

成书于战国末年的《荀子》一书，所引《诗经》篇目大体与今传本相同，但有五六处引用逸诗，汉初齐诗、鲁诗已为305篇，说明《诗经》文本的最后确定是在秦统一以后到汉初这段时间完成的。

秦始皇时设立《诗经》博士，汉文帝时，申公、韩生为《诗》博士，可知汉设《诗》博士可追溯到文帝时期。汉武帝时立五经博士，申培（即申公）《鲁诗》、辕固《齐诗》、韩婴（即韩生）《韩诗》三家立于学官，毛公《毛诗》晚出，未立学官。

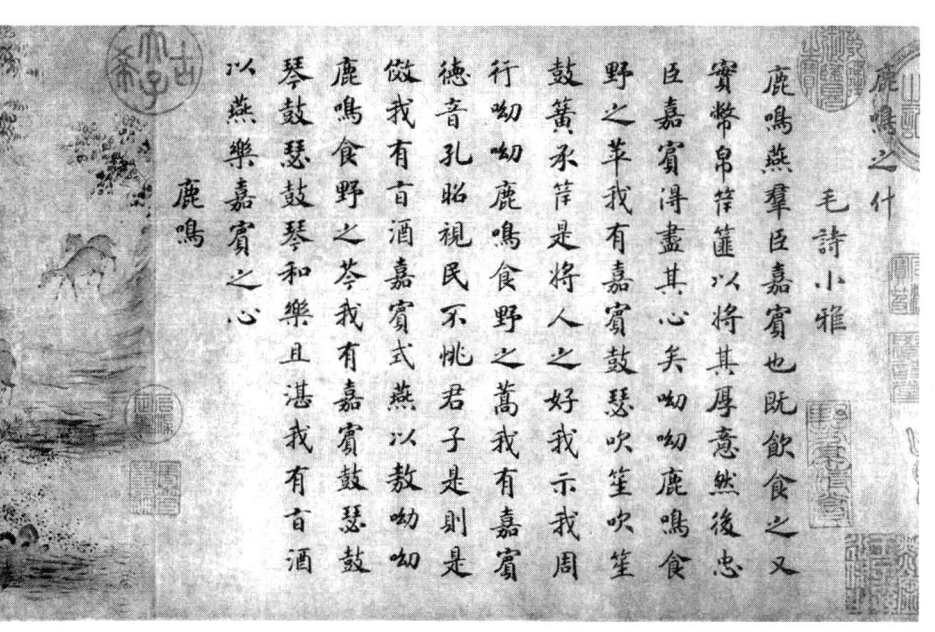

《诗经·小雅·鹿鸣》

《诗经》是我国最早的诗歌总集,收入自西周初年至春秋中叶大约 500 年间的诗歌 300 余篇

值得注意的是,《汉书·儒林传》说申培与楚元王交俱在秦时师从齐人浮丘伯学《诗》,而浮丘伯为荀子弟子。焚书令禁止民间偶语《诗》《书》,浮丘伯当为博士才能招收弟子,可见秦时有掌《诗》博士(《诗》易记诵,便于口耳相传,故305篇保存完好,也是一种说法)。公元前195年,刘邦过鲁祭孔,申培以弟子从师入见。公元前138年,汉武帝以安车蒲轮迎申公,此时申公已80余岁,可推知他生于秦统一六国之际,而浮丘伯当生活于战国末、秦、汉初。陆贾《新语·资质》说,同为荀子的弟子,浮丘伯的德行,并非不高于李斯、赵高,之所以后来隐居于蒿庐之下,而不显达于世,是利口之臣陷害的结果。

《尚书》之传承

秦代儒生当整理过《尚书》,书中的《秦誓》篇,被认为是为了记秦以霸业继周统,颂扬始皇帝业。《史记·儒林列传》说伏生为秦《尚书》博士,可知秦始皇时已设《尚书》博士,所传《尚书》29篇当为秦代齐鲁儒者所更定而立于学官的。

孔子后人孔鲋在秦时偷藏《尚书》,使得《古文尚书》45篇得以在汉时重见天日。

《礼》之传承

叔孙通是秦朝的文学博士,归汉后主动请缨,为刘邦制定朝廷礼仪。叔孙通召集鲁地三十儒生所排练出的朝仪,兼采了古礼和秦朝的礼仪,曾被鲁儒所不齿,认为不伦不类。不过,此事也说明秦朝也是有礼仪的。

《史记·儒林列传》说，汉初学者能说《礼》者多人，而鲁人高堂生最得其真本，司马迁视高堂生为《礼》学权威。高堂生所传为《士礼》17 篇，汉宣帝时，后苍弟子戴德、戴圣、庆普三家礼，都立于学官。而后苍礼学以《士礼》为本，武帝立后苍《礼》为五经博士之一，后苍师承当上溯至高堂生。

另秦时孔鲋藏于鲁壁的《礼古经》56 篇为古文，孔安国献于武帝。从《士礼》与《礼古经》来看，秦朝时所传之礼，实为"仪"而非"礼"。

小知识◎伏生

伏生，即伏胜，字子贱，济南人，秦朝时为博士，善治《尚书》。焚书令颁布后，伏生把书偷偷藏在墙壁中。秦末，

《伏生授经图》（局部）
所绘为伏生向晁错讲授经文的情形

各地揭竿而起，烽烟四起，伏生流亡在外。刘邦平定天下，惠帝四年解除了挟书令，伏生回到家乡，把自己偷藏的书找了出来，发现《尚书》已经有几十篇不见了，只剩下了29篇。伏生就以这《尚书》残简，在齐鲁一带授徒讲学。

汉文帝时，诏令访求天下能治《尚书》的学者，派晁错到90多岁的伏生那里学习《尚书》，并用汉代通行的隶书文字记录下来传之世间，这就是《今文尚书》。

与《今文尚书》对称的是《古文尚书》，《古文尚书》也是在焚书时偷偷藏在屋壁中的，孔鲋所藏的古文典籍在汉武帝时代被发现，当时鲁恭王坏孔子故宅，这批藏书重见天日，其中就有《古文尚书》45篇，其中29篇与《今文尚书》相同，后经孔子十一世孙孔安国整理献给朝廷。

伏生壁藏《尚书》，使汉初《尚书》得以不绝其学。

3. 六经之传：焚书后

关于《乐经》

《庄子·天下》提出六经之说，并说："黄帝有《咸池》，尧有《大章》，舜有《大韶》，禹有《大夏》，汤有《大濩》，文王有《辟雍》，武王、周公作《武》。"司马迁《史记·孔子世家》中，孔子说自己"自卫返鲁，然后乐正"。可见，先秦有《乐经》的存在。

而到了汉武帝，只设了五经博士，班固《白虎通》说："何谓《五经》？谓《易》《尚书》《诗》《礼》《春秋》也。"为什么缺了《乐经》？说明到汉朝时，《乐经》已不复存在。

《乐经》亡佚，沈约《宋书·乐志》说："及秦焚典籍，《乐经》佚亡。"把《乐经》的失传归罪于秦始皇。

《乐经》的存废问题，至今为一大悬案。

《左氏春秋》之传

《春秋》与《尚书》均为史书,《汉书·艺文志》说:"左史记言,右史记事。事为《春秋》,言为《尚书》。"先秦各国皆有《春秋》,是按编年体而写作的史记。

《左氏春秋》为春秋时期鲁国史官左丘明所作,既为鲁国史记,自然在焚书之列。可《左氏春秋》却逃过一劫?这其中奥妙何在呢?

《史记·十二诸侯年表》说,孔子作《春秋》,"鲁君子左丘明惧弟子人人异端,各安其意,失其真,故因孔子史记具论其语,成《左氏春秋》"。也许正因将《左氏春秋》和孔子经文扯在一起,使得《左

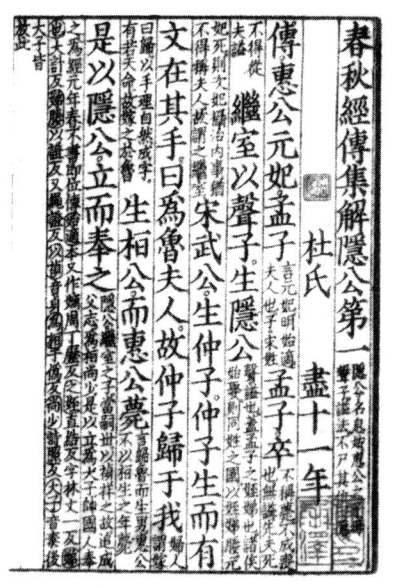

宋刻本《春秋经传集解》
《春秋经传集解》,西晋杜预著,30卷,将《春秋》和《左传》合为一书,是现存最早的关于《左传》的注释

氏春秋》被收入朝廷图书馆，从而在秦火中侥幸得存。

《汉书·儒林传》载，汉兴之时，北平侯张苍、贾谊等人皆修《春秋左氏传》。张苍生于战国末年，秦时置柱下史，苍为御史，掌管图书文献。《史记·张苍传》说他喜欢读书，无所不观，无所不通，可能因职业之便而得以熟读精通藏于王室的《左氏春秋》。景帝时，置《春秋》博士，董仲舒即为《春秋》博士。

《易经》之传

秦始皇的焚书令中说，不在焚烧之列的为医药、卜筮、种树之书，《易经》被看成是占卜类的书，所以逃过一劫。这也说明秦始皇并不看重易学，故史料未有秦置《易经》博士的线索。不过，由此易学在民间的自由流传，在秦朝成为六经中的特例。从《汉书·艺文志》说《易》"传者不绝"，《汉书·儒林传》说《易》"独不禁，故传授者不绝也"。

《史记·儒林列传》说，鲁人商瞿传授孔子之《易》学，经东鲁桥庇子庸、江东馯臂子弓、燕周丑子家、东武孙虞子乘，六世而至齐人田何。汉兴，刘邦强迫六国贵族迁往杜陵所在之地，田何为齐国王族之后，也在迁徙之列，因而又号称杜田生。皇甫谧《高士传》载，田何年老家贫，守道不仕，惠帝亲往他家中看望，向他请教易学。后世推田何为汉代易学鼻祖，他的再传弟子杨何，司马迁《史记·儒林列传》说"然要言易者本于杨何之家"，可见当时杨何易学之风行。

4. 对秦朝儒学命运的反思

儒学在秦朝为什么会遭遇接二连三的打击？为什么秦始皇并非不用儒生，儒家却始终无法进入意识形态的主阵营？对秦朝儒学命运的反思，笔者以为可从如下三个层面来展开：

从大历史的背景来看儒学命运

秦始皇开创千年未有之大变局，把中国从封建制度推向郡县制，发动了一场暴风骤雨式的大变革。

周公制礼作乐，他打造的礼乐文化成为儒家思想的基石。孔子之"从周"之叹，正是对周公的真诚服膺与内心认同。周公的礼乐，是和分封建国的封建制度相表里的。周王将自己的子弟宗亲按照爵位的高低，给予不同数量级别的封地和人民，对整个国家实行的是宗族式统治。儒家的"亲亲"原则、爱有差等的原则，恰恰是和封建制相适应的。儒家重礼，礼亦是亲疏有别思想的一种外化。

摧毁封建制，意味着"家天下"治理模式向"公天下"治理模式的转变,意味着爵位世袭制度向因功授爵制度的转变,意味着土地贵族所有向平民私有的转变,意味着"刑不上大夫"的不平等法律向权利平等倾向的转变。

相应地,儒家维护的尊卑秩序自然会被打破,儒家"仁者爱人"的观念在残酷的诸侯兼并战争中显得苍白无力,法家似乎更具有推动富国强兵的实用价值。儒家对"汤武革命"的推崇,对君主实乃一种道义上的高压;而法家的尊君思想,对于建立大一统中央集权无疑提供了合法性理论依据。

总之,以恢复周礼为使命的孔子所缔造的儒家,在对周代制度实施摧枯拉朽式革命的秦始皇那里,如果能光大门庭,必然是不可能的事情。

从地缘文化的角度看儒家命运

我们不妨从地缘文化的角度来观照秦时面临的文化问题。我们知道,当时,韩非子不得不承认,"世之显学,儒、墨也",儒家和墨家是当时影响最为深广的文化,其创始人孔子和墨翟都是鲁人。而后来的法家、兵家和纵横家,如李悝、吴起、商鞅、申不害、公孙衍、张仪等人,大多来自三晋。

比较齐鲁文化与三晋文化的差别,东方齐鲁学人,大率尚文化,重历史,重人生大境界,不以狭义的国家富强为出发点,追求整个社会的进步与改造,齐鲁之儒家、墨家大率皆如此。而三晋之士,则其目光所及,往往仅限于一国,仅以谋一国家之富强为标准,思想大体上讲求实际,功利主义盛行,往往尚权力而薄文化,重现实而轻历史,三晋所流行的法家、兵家、纵横家皆然。

秦国僻居西壤，其文明在当时远远落后于东方，这是秦的劣势，正因为如此，秦一直被强大的晋国阻挡在函谷关以内。秦的走强，则缘于引进了来自山东诸国的人才，进而输入了关外的文化。从商鞅改革开始，秦国才逐渐强大。在秦国这片文化荒漠上，一张白纸反而更利于画出宏伟的蓝图，商鞅变法的成功，是三晋文化西渐带来的成果。但三晋文化在秦国，也仅止步于功利主义：作为富国强兵的工具。

功利主义的历史教训

有了上述诸原因，当吕不韦主持的《吕氏春秋》将齐鲁文化与三晋文化熔为一炉，将儒家思想带进三晋文化主导的秦国时，结局注定会很惨淡。

焚书事件起因于博士淳于越提出对废封建的担心，李斯进而反戈一击端出焚书主张，李斯与淳于越等人思想上的冲突，背后实际上是战国以来齐鲁之学与三晋之学的冲突。

从地缘文化的角度看，秦始皇任用了来自三晋的功利文化与功利之徒，而没能让注重社会和人生终极价值的齐鲁文化成为核心意识形态，自然只能达到短期的功利目的，而无法绵延于长远之治。

秦始皇没有眼光看到这一点，其失误带来的是儒家命运的多舛。秦始皇的先祖秦孝公任用商鞅实施变法，秦始皇出生时法家在秦国已经延续了100年，三晋文化已经在秦国立住了脚跟，而秦始皇爷爷时期，儒家学者荀子到秦国时，还只是一个新奇的观光客。

在这个意义上，齐鲁儒学要在秦朝短短十几年的生命中渗入其血脉深处，显然是几乎不可能完成的使命。

从儒学自身性格看儒学命运

前文叙及,秦始皇并非将儒者一律拒之门外。七十博士中儒生占绝大多数,廷议中活跃着儒生的身影,喧嚣着儒生的声音;焚书事件的前奏就是两个儒生博士对分封制度的争吵;秦始皇的得力助手李斯是儒家学者荀子的弟子,尽管李斯转向了法家,他操刀的刻石文字却不乏儒家思想;秦始皇封禅祭山川乃至出巡天下,也给了博士儒生以机会,但儒生却和机会失之交臂。

秦始皇主张"法后王",而儒家主张"法先王",儒家的以古非今、

孔庙驮石碑的赑屃

赑屃,又名龟趺、霸下,传说中的龙生九子之首,貌似龟,好负重,属灵禽祥兽,各地的宫殿、祠堂、陵墓均可见到其背负石碑的样子。赑屃被认为是长寿和吉祥的象征,据说触摸它能给人带来福气

诽谤朝政，最为秦始皇所恼火，不惜报之以残酷镇压。

显然，在秦朝，从儒学自身而言，还没有寻找到与君权和谐相处的平衡点。儒家骨子里赋予自身独立政治观察家的身份和地位，保留对政权的批判权利，以民本思想限制君权，甚至对推翻昏君给予合法性理论依据，这一切，恰恰是秦始皇代表的君主们所不能接受的。直到董仲舒建立天人感应的政治学说，将君王抬高到天人沟通的代理人地位，儒家才开始为君权政治所重用。而此时，董仲舒式的儒家已经远远不是孔子那样的醇儒了！

在这个意义上，儒学在秦朝屡遭磨难，是儒家学者不通权变的结果，也是儒家学者尚未堕落的结果。对君权的不妥协，敢于以古非今，恰恰是一种儒家本色的体现。

图书在版编目（CIP）数据

焚书坑儒的真相：秦朝儒学 / 李勇强著. — 郑州：中州古籍出版社，2014.5
（华夏文库）
ISBN 978-7-5348-4574-1

Ⅰ.①焚… Ⅱ.①李… Ⅲ.①儒学 – 研究 – 中国 – 秦代 Ⅳ.
①B222.05

中国版本图书馆CIP数据核字（2013）第307568号

华夏文库·儒学书系
焚书坑儒的真相：秦朝儒学

总 策 划　耿相新　郭孟良
责任编辑　杨天荣
封面设计　新海岸设计中心
版式设计　曾晶晶
美术编辑　曾晶晶
责任印制　刘新毅
项目统筹　单占生　萧　红（执行）

出　版	中州古籍出版社
	地址：河南省郑州市经五路66号
	邮编：450002
	电话：0371-65788693
经　销	新华书店
印　刷	河南新华印刷集团有限公司
版　次	2014年5月第1版
印　次	2014年5月第1次印刷
开　本	960毫米×640毫米　1 / 16
印　张	9.25印张
字　数	70千字
印　数	1–3000册
定　价	24.00元

本书如有印装质量问题，由承印厂负责调换